Le Pouvoir des Limites

Techniques Pratiques pour Dire Facilement Non (ou Oui), Établir des Frontières Claires, Bâtir le Respect Mutuel et Reprendre le Contrôle de Ta Vie, Sans Culpabilité

Logan Mind

© DROITS D'AUTEUR 2024 - TOUS DROITS RÉSERVÉS. 4

Un cadeau pour vous ! 5

Autres Livres 7

Aidez-moi ! 9

Rejoignez mon équipe de critiques ! 10

Introduction 11

Chapitre 1 : Comprendre les limites 14

Chapitre 2 : Le fondement de limites saines 24

Chapitre 3 : La psychologie des limites 32

Chapitre 4 : Types de frontières 40

Chapitre 5 : Lois des frontières 50

Chapitre 6 : L'Art de Dire Non 61

Chapitre 7 : Établir des limites claires 71

Chapitre 8 : Construire le respect mutuel 82

Chapitre 9 : Les limites dans les relations familiales 94

Chapitre 10 : Les limites dans les relations amoureuses 103

Chapitre 11 : Les limites au travail 115

Chapitre 12 : Les limites dans les amitiés *126*

Chapitre 13 : Maintenir et ajuster les limites *137*

Pour conclure *148*

Rejoignez mon équipe de critiques ! *150*

Aidez-moi ! *151*

© DROITS D'AUTEUR 2024 - TOUS DROITS RÉSERVÉS.

Le contenu de ce livre ne peut être reproduit, dupliqué ou transmis sans l'autorisation écrite directe de l'auteur ou de l'éditeur. En aucun cas, l'éditeur ou l'auteur ne pourra être tenu responsable de tout dommage, réparation ou perte monétaire dus aux informations contenues dans ce livre, que ce soit directement ou indirectement.

AVIS JURIDIQUE:

Ce livre est protégé par le droit d'auteur. Il est destiné uniquement à un usage personnel.

Vous ne pouvez pas modifier, distribuer, vendre, utiliser, citer ou paraphraser une partie quelconque ou le contenu de ce livre sans le consentement de l'auteur ou de l'éditeur.

Un cadeau pour vous !

Emotional Intelligence for Social Success

Voici ce que tu **découvriras** dans le livre :

• Comment **améliorer** tes compétences émotionnelles pour réussir socialement

• Stratégies pour établir des relations plus fortes et plus authentiques

• Astuces pratiques pour **gérer** les émotions dans les situations complexes

Il te suffit de **cliquer** sur le lien ci-dessous pour en profiter :

https://pxl.to/loganmindfreebook

Télécharge aussi tes 3 EXTRAS GRATUITS !

En plus du livre, ces extras te fourniront des outils pratiques pour approfondir encore plus tes **compétences** en intelligence émotionnelle. Profites-en dès maintenant pour **maximiser** l'impact positif dans tes relations sociales !

Les extras sont :

• Un fichier PDF téléchargeable pour un Challenge pratique de 21 jours lié au livre

• ### 101+ Affirmations pour établir tes frontières personnelles

• Une liste de vérification pour la prise de **conscience** de tes frontières personnelles

Clique ou suis le lien ci-dessous pour obtenir un accès **instantané** aux extras :

https://pxl.to/11-tpob-lm-extras

Autres Livres

Bienvenue dans un monde où **apaiser** ton esprit devient une réalité accessible. Tu tiens entre tes mains un ouvrage conçu pour t'accompagner vers davantage de **sérénité** et de compréhension de toi-même, mais l'aventure ne s'arrête pas là. Pour continuer ce chemin de **transformation** et d'épanouissement personnel, je t'invite à découvrir mes autres ouvrages.

La série "Calm Your Mind NOW!" comprend des titres qui pourraient très bien te parler, notamment "**Letting Go**", guide indispensable pour apprendre à te détacher du passé, et "Rewire Your Brain", un ouvrage crucial pour reprogrammer ton esprit afin de mieux vivre le présent et te créer un futur plus lumineux. Et puis, si les relations sociales sont ton défi, ne manque pas "Overcoming Social Anxiety".

Si les défis familiaux sont au cœur de ton quotidien, la série "Heal Your Mind NOW" avec "How to Heal From Family **Trauma**" t'offrira des pages pleines de ressources pour te libérer des blessures du passé.

Enfin, pour un coup de pouce d'**inspiration** quotidienne, découvre "You Are **Amazing**" de la série "Improve Yourself NOW" - un hymne à ton propre potentiel et ta grandeur.

N'hésite pas à parcourir cette sélection. Suis simplement le lien ci-dessous, clique sur "All My Books", et trouve les titres qui résonnent le plus avec tes besoins. Mes informations de contact sont également à ta disposition à la fin de la page liée.

Découvre tous mes livres et contacte-moi ici :

https://pxl.to/LoganMind

Aidez-moi !

Quand tu auras terminé de lire, j'aimerais beaucoup connaître ton avis sur ce bouquin.

Soutenir un auteur indépendant, c'est aussi soutenir un rêve. Tes retours, qu'ils soient positifs ou constructifs, me sont super précieux.

Si le livre t'a plu, merci de **laisser ton avis** honnête en cliquant sur le lien ci-dessous. Si tu as des suggestions pour m'aider à m'améliorer, je serais ravi de les recevoir par mail. Prends juste quelques secondes pour partager ton ressenti ; ça me **motive**, me pousse, et donne une chance à d'autres lectures.

Ça ne prend que quelques instants, mais ton opinion a un **impact énorme**.

Ensemble, on crée un **dialogue** qui aide tous les lecteurs et les auteurs à grandir.

Visite ce lien pour laisser un feedback :

https://pxl.to/11-tpob-lm-review

Rejoignez mon équipe de critiques !

Merci du fond du cœur d'avoir choisi de lire mon **livre** ! Tu fais partie de ceux qui rendent cette **aventure** littéraire beaucoup plus enrichissante.

Si tu aimes **découvrir** de nouvelles histoires et partager tes impressions, j'aimerais t'inviter à rejoindre mon équipe de **critiques**. Pour toi, amateur de **lecture**, cela pourrait être une excellente opportunité de recevoir un exemplaire **gratuit** de mon prochain livre en échange de tes impressions et commentaires sincères.

Comment rejoindre l'équipe de critiques :

- Inscris-toi via le lien ci-dessous pour être informé à chaque nouvelle **sortie**.

- Reçois un exemplaire gratuit du livre au moment de sa publication.

- Lis, apprécie et partage ton avis **honnête** !

Découvre l'équipe en cliquant sur ce lien :

https://pxl.to/loganmindteam

Introduction

Et si je te disais que la clé pour regagner le **contrôle** de ta vie sans te sentir coupable se trouvait, en fait, dans ta capacité à dire "non"... ou "oui", mais en toute conscience. Assez intrigué ? Je sais, on m'a souvent dit que ce genre de promesse semble un peu trop beau pour être vrai. Pourtant, imagine un quotidien où tu serais capable d'établir des **limites** claires - de vraies limitations personnelles - que les gens, même ceux les plus proches de toi, respectent. C'est exactement ce dont il est question dans ce bouquin.

Alors... de quoi parle-t-on, justement ? Eh bien, dans ces pages, je t'invite à plonger dans l'art de poser des limites personnelles. On ne parle pas de frontières physiques ici, encore que celles-ci en fassent partie ; non, je parle des lignes invisibles qui tracent la manière dont tu interagis avec les autres et, plus important peut-être, comment tu te **protèges** des pressions externes. Pour certains, ces histoires de "limites" peuvent paraître floues, voire sans intérêt. Mais crois-moi, comprendre et respecter ces lignes est essentiel si tu veux vraiment grandir comme individu. Comme quand tu te réveilles un matin et tu réalises que ta vie devient enfin toujours plus conforme à tes **aspirations** profondes. Voilà ce qu'établir des limites peut t'apporter.

Cette idée des limites n'est pas nouvelle pour moi. Après des années d'études, de travail avec des boîtes à la recherche du bien-être de leurs employés, et de coaching personnel, j'ai découvert un truc universel : les limites - ou leur absence - impactent tout le monde. Tout au long de ma carrière, que je guide un leader pour mieux gérer son temps ou que j'aide quelqu'un à regagner du respect dans ses relations amoureuses, le thème des **frontières** ressortait encore et encore. Il est fascinant de constater à quel point, même les gens les plus performants et accomplis, peuvent avoir des lacunes dans ce domaine. Et oui, ça inclut, parfois, sentir que leur vie leur échappe simplement parce que leurs frontières sont un peu trop floues.

Dans ce bouquin, je te propose des solutions concrètes. Peu importe que tu sois quelqu'un ayant du mal à dire "non" ou que tu trouves inenvisageable de te faire respecter sur ton lieu de travail, ce livre contient des moyens directs pour que tu puisses non seulement poser des limites, mais aussi t'y tenir. C'est un peu comme apprendre un outil précieux qui te servira avec tes proches, dans ton couloir au boulot, ou même avec des passants. Les techniques proposées ici ne sont pas théoriques, elles sont testées, propres à ajuster rapidement tes **relations** vis-à-vis de toi.

Mais tout n'est pas rose, avouons-le... Je ne vais pas te mentir, fixer des limites peut venir avec son lot de défis. Il peut y avoir ces moments où les gens vont mal réagir, où l'on te traitera d'égoïste, où la pression interne grimpera, mais on reste là pour te guider. Je sais bien ce que c'est, cette petite voix coupable qui chuchote "serais-je en train de ruiner ma relation ?" ou, "Et si cette personne le prenait mal ?" Ça, c'est classique. Pourtant, chaque minute où tu renonces à être fidèle à toi-même pour éviter un conflit apparent, tu te rapproches de l'épuisement, de la **frustration** et de te perdre dans tes propres désirs.

Et puis, abordons l'évidence : "Ce truc des frontières, ça ne fonctionnera jamais sur *mes* relations !" Peut-être penses-tu ça maintenant. Tu serais étonné : c'est une objection récurrente. J'entends souvent ça : Comment fixer des limites efficacement, avec ses parents, son partenaire, ou même avec des collègues exigeants ? Je t'assure, j'y ai pensé. En lisant ce bouquin, tu n'auras pas simplement un manuel d'instructions ; plutôt des stratégies sur mesure, appliquées à des situations bien réelles, des exemples qui t'aideront à approcher chaque scénario léger ou intense avec fermeté, mais toujours avec cette dose de respect qui ne blesse personne.

Enfin, on pourrait croire que suivre ce chemin est compliqué, qu'il requiert de la sophistication ou une force de caractère que tu n'as pas. Mais détrompe-toi ! En vérité, c'est accessible à chacun de nous - pas à ces "super humains" dynamisés par je-ne-sais-quoi, mais bien à moi, à toi, à ceux qui osent remettre en question leurs habitudes pour reprendre leur vie en main.

Ouvrir les yeux sur cette vérité simple peut transformer la façon dont tu verras ton quotidien. Ce bouquin est là pour t'accompagner dans cette redécouverte. Ça te parlera, tu y trouveras des réponses... et, sans doute, beaucoup de reconnaissance laissée de côté depuis quelque temps. Alors si je devais résumer tout cela en quelques mots simples : tu as le **pouvoir** de te faire respecter, de dire ce que tu penses, d'accepter ce qui t'arrange, et enfin de retrouver cet **équilibre** auquel tu as droit depuis toujours.

Allez, ce bouquin n'attend plus que toi.

Chapitre 1 : Comprendre les limites

Tu as déjà ressenti ce **vide**, cette impression d'être un peu tiré de toutes parts ? Eh bien, je sais ce que ça fait. Dans ce chapitre, toi et moi, on va **démystifier** un sujet qui semble parfois flou, et pourtant, il est **crucial** pour que tu apprennes à te définir. Pas de promesses mirobolantes ici, mais tu liras des vérités qui vont peut-être ouvrir une petite fenêtre sur ta vraie situation. Ensemble, on va **examiner** ce que sont réellement les **limites**, pourquoi elles sont indispensables au **progrès** personnel, et comment discerner où tu en es aujourd'hui. Les idées fausses ne manquent pas non plus... mais ce n'est pas pour te décourager, au contraire ! Être averti, c'est un grand pas vers plus de **lumière** dans ta vie. On ne gagnera rien sans galérer un peu, mais une fois la question cernée ? Tout semble plus **lumineux**.

Que sont les limites ?

On parle souvent de "**limites** personnelles." Mais qu'est-ce que ça signifie vraiment ? En gros, les limites sont les frontières invisibles qui protègent ton **espace** mental et émotionnel. Elles servent à dire ce qui est acceptable pour toi et ce qui ne l'est pas. C'est un peu comme dessiner une ligne autour de toi pour que le monde sache où il peut s'aventurer... et où il faut s'arrêter. Et crois-moi, mettre en place ces lignes, c'est vital pour préserver ta santé mentale. Sans ces limites, c'est facile de te sentir aspiré par les demandes des autres, de sombrer dans la fatigue émotionnelle ou même de commencer à douter de ta propre valeur.

Imagine un jardin sans clôture. Les gens peuvent entrer, piétiner les fleurs, arracher les fruits à leur guise. Un vrai désastre ! Eh bien, tes limites personnelles jouent ce même rôle de **protection**, empêchant ainsi les intrus (même bien intentionnés) de s'épanouir dans un espace qui devrait être sacré—le tien. Elles te permettent donc d'avoir une vie plus équilibrée, à l'abri des intrusions extérieures susceptibles de t'épuiser.

Maintenant, c'est bien joli de parler de limites en général. Mais il faut préciser qu'il existe plusieurs types, non ? C'est comme s'il y avait différentes catégories de "clôtures," chacune ayant son propre rôle. Il y a des limites physiques, **émotionnelles** et, bien sûr, mentales.

Les limites physiques, c'est le plus simple à comprendre. C'est ton espace corporel. C'est le droit de dire "non" quand quelqu'un voudrait te toucher ou s'approcher trop près. Et ce n'est pas forcément évident de toujours les formuler, ces limites. Parfois, tu ne penses pas que c'est important, et du coup tu te retrouves dans une situation où tu te sens, genre... mal à l'aise, voire agressé. En fixant des limites physiques claires, tu te protèges contre ces invasions non désirées, qu'elles soient subtiles ou plus évidentes.

Passons aux limites émotionnelles. Celles-ci consistent à savoir quand dire "ça suffit" à quelqu'un qui te surcharge de sa peine ou de sa détresse. On est naturellement empathiques, mais absorber les **émotions** des autres sans protection, c'est comme attraper un rhume en sortant sans pull par une nuit glaciale. Ça te vide progressivement, te laissant émotionnellement lessivé, ce qui n'aide personne, surtout pas toi. Mettre des limites émotionnelles, c'est donc savoir jusqu'où tu peux aller avant de basculer dans le trop-plein.

Et puis, il y a les limites mentales, celles qui protègent ton intellect, tes **pensées**. Ce sont les plus subtiles, celles auxquelles on pense moins, peut-être parce qu'elles sont invisibles. Mais elles sont tout aussi cruciales. Ici, c'est à toi de dire si tu participes ou non à certaines discussions, si tu crois ou non certains arguments qu'on te soumet. C'est un vrai garde-fou contre le stress mental inutile. L'enjeu, c'est de réussir à garder tes pensées claires, nettes, même face à la pression ou l'insistance d'une opinion dominante.

Alors, tu te demandes peut-être en quoi c'est si capital d'avoir toutes ces limites en place. Eh bien, honorer et garder ces limites, c'est crucial pour renforcer tes **relations**. Et pour te rappeler que, toi aussi, tu as des besoins, des envies, un droit légitime d'exister tel que tu l'entends. Parce qu'à force de dire "oui" à tout, tu effaces progressivement tes propres contours. Mais quand formuler ces limites devient une habitude, non seulement on te respecte plus, mais ton propre **respect** de toi-même grandit aussi.

Voilà pourquoi les limites ne sont pas un mur anti-relations, mais plutôt une manière de les structurer sainement. C'est une simple question d'équilibre pour éviter que les autres ne dominent ton terrain de jeu, si on veut. Elles montrent que tu es un partenaire égal dans l'interaction, pas juste quelqu'un qui se plie et se replie face aux envies de l'autre. Ce choix conscient contribue non seulement à ton **bonheur** personnel, mais au bien-être émotionnel des personnes autour de toi.

L'importance des limites dans le développement personnel

Pourquoi est-ce si **important** d'avoir des limites personnelles ? Parce qu'en définissant tes propres frontières, tu te donnes les moyens de mieux te connaître. C'est comme si, petit à petit, tu traçais une carte de ton âme. Tu vois plus clairement ce que tu veux, mais aussi ce que tu ne veux pas. Grâce à ces distances que tu imposes, tu creuses un peu plus en toi-même. Tu comprends mieux qui tu es et, mine de rien, ça te rapproche énormément de ton **développement** personnel.

Chaque fois que tu poses une limite, tu apprends à mieux t'écouter. Ça a l'air bateau, mais se respecter, c'est hyper important. En gros, en mettant des barrières, tu réalises presque sans t'en rendre compte ce qui te touche vraiment et ce qui ne vaut pas la peine que tu t'y attardes. C'est un peu comme élaguer un arbre pour qu'il puisse mieux grandir. Tu souffles, tu t'éclaircis, et hop ! Tu t'ouvres à ce qui te fait grandir. Pas mal, non ?

Bref, placer des limites t'aide à t'affirmer, à mettre tes priorités sur la table. Et oui, ça nous amène direct à l'autre grand avantage : la **confiance** en soi. On va en parler tout de suite d'ailleurs.

Et ça commence par un truc simple : savoir dire non quand il faut. Cela peut paraître difficile au début, presque terrifiant. Pourtant, chaque "non" que tu dis, c'est un "oui" affirmé à toi-même. T'imagines le pouvoir que ça peut avoir sur ta confiance en toi ? Quand tu refuses quelque chose qui ne te correspond pas, tu prends ta place et tu domines ce que tu réservais avant pour les attentes des autres. Tu arrêtes d'essayer de plaire à tout le monde et tu assumes ce que tu veux vraiment. Cette décision... tu verras rapidement son effet : tu marches un peu plus droit, la tête plus haute, le sourire plus facile.

Au début, poser ses limites peut sembler égocentrique. C'est vrai, on peut se dire "je devrais être plus ouvert, plus respectueux des besoins des autres." Mais là est la méprise - fixer des limites, c'est aussi gagner leur **respect**, et surtout, se respecter soi-même. Petit à petit, tu accumules ces moments où tu t'es choisi, renforçant cette assurance en toi qui n'attendait que ça pour éclore. Pleinement. Et encore mieux, cette nouvelle confiance peut avoir une belle incidence sur tous les terrains de ta vie. Soudaine certitude en toi. Ça t'apprendra à dire "oui" uniquement quand ça correspond vraiment à ce qui te tient à cœur.

Sur ce sujet, t'es-tu demandé pourquoi c'est tellement important de prioriser tes **besoins** et valeurs ? On en discute maintenant.

Alors oui, au fond, pourquoi accorder autant d'importance à tes besoins et tes valeurs ? Parce qu'ils sont... toi. Ces limites que tu poses, ce ne sont pas de simples barrières. Non, ce sont les protections naturelles de tes priorités. Sans limites, tu as tendance à traverser ta vie en pilote automatique, glissant à droite à gauche, trop facilement influencé par ce que veulent les autres. Tu baisses les bras, tu t'érodes. Avec des limites ? Non seulement tu fais le tri dans ce qui compte, mais tu te réalignes constamment.

Choisir d'établir des limites, c'est choisir d'honorer tes propres besoins avant ceux des autres. Attention, ça n'enlève rien à la **générosité**. Simplement, tu renforces la base sur laquelle ta générosité peut s'épanouir. Prioriser ce qui a de la valeur, c'est vivre de façon plus cohérente, faire des choix actifs en ligne avec tes désirs les plus authentiques. Pas de succomber à l'énergie gaspillée dans des zones floues du "peut-être". Ouvre-toi à cette idée : chaque limite posée, c'est une intention clairement inscrite dans ta vie pour ta **réalité**. Très alignée. Voilà toute la magie.

Prendre **conscience** de soi - te connaître toi, rien de plus important dans ce jeu de limites. Ça trace le chemin vers une confiance faite maison. Et cette confiance, elle te force naturellement à choisir tes besoins. Jouer sa propre musique. Pas celle des autres. Un sillon pavé... vers ton épanouissement personnel.

Identifier ton statut actuel de limites

Tu t'es déjà demandé si les autres étaient toujours en train de te **demander** plus, que ce soit ton temps, ton énergie ou même ton bonheur ? Ou bien si tu étais **fatigué**, épuisé... tout ça pour ne pas contrarier ou décevoir quelqu'un ? Si ces situations te semblent familières, il y a de fortes chances que tes limites soient faibles ou carrément invisibles. Parce que oui, reconnaître les signes de limites faibles chez soi, c'est comprendre avant tout que tu pourrais carrément oublier le mot « **non** ». D'un bout à l'autre, tu finis par accepter tout et n'importe quoi, à remplir des rôles à gauche et à droite, parfois même à préférer le bonheur des autres au tien. C'est comme si tu avais une frontière floue autour de toi, où les autres sont libres d'entrer sans invitation.

Ça ressemble peut-être à ça : on te demande de rester tard au **travail**, et bien sûr, tu acceptes. Peut-être que tu dis oui à des engagements sociaux alors que tu n'en as pas envie juste pour ne pas briser une amitié. Bref, au fond de toi, ça bouillonne. Mais le résultat, c'est que tu sacrifies tes besoins pour répondre à ceux des autres. Peut-être que tu es même devenu expert en compromis... sauf que les compromis sont tous unidirectionnels.

Et ça ne s'arrête pas là. Parce que trop souvent, ça peut mener à un cercle vicieux où tes limites, même si elles existent au début, deviennent chaque fois plus difficiles à respecter. C'est comme un **exercice** : plus tu le sautes, plus ça te paraît impossible quand il faut enfin dire stop. Et sur la durée, ce sentiment permanent d'être exploité érode non seulement la **confiance** en soi, mais aussi le bien-être mental. À force, cela devient difficile de différencier un "oui" qui vient du cœur d'un "oui" que tu prononces par automatisme.

Ce qui nous amène aux violations communes des limites et c'est, crois-moi, plus fréquent qu'on ne le pense. Ces violations peuvent se traduire par toutes sortes de comportements, qu'on considère petits ou gros. Des petites remarques qui franchissent une ligne, aux demandes persistantes de faveurs, en passant par les intrusions dans tes moments de paix. Tu te trouves à dire oui quand tu aurais voulu dire non, ou à être pris de court lorsque quelqu'un dépasse facilement une limite que tu n'avais même pas vue venir. C'est souvent comme si ton espace personnel, ton temps, tes valeurs se retrouvaient en libre-service. Ces moments-là, d'ailleurs, ne sont pas sans conséquence.

Imagine cette **fatigue** constante qui s'installe. À la longue, ta santé mentale... elle se détériore. Impossible de s'en sortir indemne. Tu commences à ressentir de la frustration, de l'irritation passagère qui pourrait virer en accumulation de rancune, voire même en burnout dans les scénarios extrêmes. Car oui, tant que ces limites ne sont ni mises ni respectées, ton équilibre mental devient une terre aride où rien ne pousse.

Mais pour éviter ce désert, il va falloir faire un pas pour évaluer les forces et faiblesses de tes limites actuelles.

Pour commencer, prends un moment pour regarder, objectivement, ta manière d'agir. Pose-toi des questions claires. Par exemple, où et quand as-tu souvent cédé là où tu souhaitais réellement refuser ? Quels **sentiments** ces situations ont-elles générés en toi ? Tu peux lister, noir sur blanc, les situations où tu sens que ton espace—mental ou physique—s'évanouit. Creuse sur les choix que tu fais tous les jours, même les plus minuscules. Si tu te surprends à toujours justifier, même silencieusement, une décision qui ne te rend pas heureux—c'est le moment de te questionner.

Puis, une fois ces moments identifiés, analyse ensuite comment tu réagis quand quelqu'un s'introduit dans tes limites. Es-tu anxieux à l'idée d'exprimer ce que tu accueilles et ce que tu rejettes ? Préfères-tu passer la bombe en douce pour éviter une confrontation ? C'est là un signe clair qu'un travail sérieux est à faire. Peut-être qu'il ne s'agit pas de reconstruire un mur entier. Il s'agit d'ajuster ce qui est déjà là, pierre après pierre jusqu'à ce que ce petit bout de monde où tu es maître se sente enfin solide.

C'est un fait simple et d'une importance immense : on doit savoir être ses propres **frontières** pour que notre cœur et notre esprit puissent fleurir à nouveau.

Idées fausses courantes sur les limites

Tu entends souvent dire que mettre des limites, c'est égoïste. Beaucoup de gens pensent à tort que parce que tu poses des **limites**, tu te mets en opposition aux autres, comme si tu refusais de partager ou que tu tentais d'imposer ta volonté. Mais, en réalité, c'est loin d'être la vérité... Mettre des limites, c'est te **protéger** et aussi respecter tes propres besoins. C'est pas égoïste — c'est t'assurer que tu es OK pour pouvoir être présent pour les autres. Qui veut être dans les exigences somptueuses des autres en s'oubliant soi-même, hein ? C'est simple. Si toi, tu te sens bien dans tes relations, les autres ce sera pareil. Retour des faveurs, quoi.

Tu peux aussi voir la situation autrement... Penser que les limites sont une forme de **méchanceté**, c'est totalement faux. Être agréable ne signifie pas dire oui à tout, surtout quand ce "oui" devient lourd à porter. Par exemple, un pote te demande une énième fois de l'aider à déménager, mais t'as déjà d'énormes choses sur la planche, tu sais qu'un non serait approprié et c'est là que la **culpabilité** pointe le bout de son nez... Mais pense-y bien : dire non, c'est pas être méchant. C'est respecter tes capacités de réponse. Sinon, si tu dis oui à contre-cœur, ça va finir par peser sur votre relation... Les non nécessaires ne sont donc pas imbus d'arrogance, mais de bienveillance.

Mais bon, savoir tout ça ne signifie pas que tu consacres moins d'**amour** aux autres... en fait, c'est plutôt le contraire. Quand t'es à l'aise avec tes limites, tes relations le deviennent aussi. Elles deviennent plus saines et tu peux être authentique sans fioritures. Quand tu connais tes propres nécessités, les autres le savent aussi. C'est là que le respect mutuel naît. Et dans ce respect, l'amour grandit. Les liens deviennent plus profonds, moins basés sur un mélange d'incertitudes et plus sur la vraie compréhension, genre "Je sais que tu as besoin de ça, et de mon côté, je respecte tes limites et donc voilà." T'as déjà réfléchi aux vraies connexions que ça pourrait permettre...

C'est là que tu découvres qu'il faut distinguer les limites rigides des limites saines et **flexibles**. Les limites rigides—comme des murs hermétiques— t'isolent des autres personnes, des pratiques, ou des occasions, de la vie carrément... Garde ça en tête : une limite est là pour te protéger, OK. Mais quand elle te coupe et te sépare de tout, ah là, il y a un hic. Celles que tu veux ce sont des limites saines, celles qui bougent quand il le faut, celles qui respectent et valorisent qui tu es ainsi que les autres et la situation actuelle.

Tout est maintenant plus clair, non ? Voir les limites comme **empowerment** au lieu de les percevoir comme murs infranchissables. Finalement, tes stores s'ouvrent vers le monde – prêts à laisser entrer la lumière pour autant qu'elle ne brûle pas. Pas obligé de mettre des lunettes de soleil tout le temps !

Ce n'est qu'une ère stratégique de la vie simplifiée où tout le monde se retrouve deuxième gardien de ses moyens de **comportement**. Un truc fluide – ni égoïste, ni méchant, ni inutile, juste... adapté.

En conclusion

Ce chapitre t'a permis de mieux **comprendre** l'importance de fixer des limites personnelles pour protéger ton **bien-être** mental et tes relations. En révélant ce que signifie vraiment avoir des frontières respectueuses, tu es désormais mieux **outillé** pour gérer tes interactions et préserver ton équilibre intérieur. En intégrant ces concepts simples mais puissants, tu seras en mesure de bâtir une vie plus riche et **harmonieuse**.

Dans ce chapitre, tu as découvert ce que sont vraiment les limites personnelles et pourquoi elles comptent, les différents types de limites : physiques, émotionnelles, et mentales, l'**impact** des limites saines sur les relations et l'estime de soi, l'importance des limites pour mieux se connaître et se **développer**, ainsi que quelques idées fausses courantes sur les limites et pourquoi elles ne sont pas égoïstes.

Prends le temps de **réfléchir** à tout ce que tu as appris et applique ces idées avec soin dans ta vie quotidienne. Tu as désormais des outils simples à disposition pour enrichir ta vie, pense à les utiliser pour rester toujours en **paix** avec toi-même et avec les autres.

Chapitre 2 : Le fondement de limites saines

T'es-tu déjà retrouvé dans une situation où tu te demandais pourquoi tu te sentais **épuisé** ? Moi aussi. Se rendre compte que tes propres **besoins** passent à la trappe, c'est frustrant. Dans ce chapitre, tu vas vite comprendre pourquoi ce n'est pas seulement une question d'**énergie**, mais aussi d'identifier ce qui est **essentiel** pour toi.

Je crois que la clé commence par une **introspection** profonde sur ce que tu valorises vraiment. Tu penses peut-être connaître tes propres **limites**, mais sont-elles clairement définies ? Pas toujours si simple, hein ? On va parler de repenser ce que ton **estime** de toi peut transformer ici, et je te dis tout de suite que c'est fondamental. On explore ensemble comment tu peux poser des fondations plus solides — donc attends-toi à quelques déclics. Sois **curieux**... Tu le devras.

Conscience de soi et valeurs personnelles

Tu sais, quand il s'agit de poser des limites, tout commence par la **conscience** de soi. Pas dans le sens grandiose du terme, mais simplement savoir ce que tu ressens vraiment, ce que tu veux, ce que tu tolères, et ce que tu ne peux ou ne veux plus supporter. Un peu comme s'il fallait que tu te fixes des "signes" internes, pour savoir où tu en es, ce qui te fait du bien et ce qui te pèse trop. Quand tu sais exactement ce qui est important pour toi—ce qui résonne en toi—poser des limites n'apparaît plus comme un acte de défense ou de retrait, mais plutôt comme une manière naturelle de t'affirmer. En fait, c'est lorsque tu prends vraiment le temps de t'écouter dans tes **décisions** quotidiennes que tu commences à comprendre où tracer les lignes qui te protégeront sans pour autant nuire à tes relations. Se connaître soi-même—et surtout s'écouter vraiment—c'est la première brique de ce que sont des limites solides.

Quand tu comprends ce que produisent certaines situations sur ton bien-être, tu peux alors dire non quand il le faut, dire oui quand tu le veux vraiment, et surtout faire tout ça sans culpabilité inutile. La conscience de soi, c'est le socle sur lequel repose le reste—sans elle, on pose des limites au hasard, et souvent, on finit par ne pas respecter ses propres **besoins**. Mais, quand tu connais et assumes ce qui te fait vibrer ou, au contraire, te terrifie ou t'épuise, il devient plus facile de tracer des frontières qui sont des solutions sur mesure pour toi.

Mais avoir seulement conscience de ce que tu ressens ne suffit malheureusement pas : il faut aussi savoir pourquoi ce ressenti est important pour toi. C'est là qu'entrent en ligne de compte les **valeurs** personnelles. En gros, si tu ne sais pas quelles sont tes valeurs fondatrices, tu risques de prendre des décisions contradictoires ou maladroites. Elles sont comme un fil conducteur, elles guident tes limitations en fonction de ce en quoi tu crois, de ce qui te semble intouchable dans ta vie. Identifier ces valeurs, c'est t'assurer que tes limites sont non seulement en phase avec qui tu es, mais aussi avec ce que tu choisis de laisser entrer dans ta vie. Ainsi, quand un choix s'impose—souvent au moment de dire non à une requête ou de ne plus accepter certaines attitudes—c'est en fonction de ces valeurs que tu prends ta **décision**. Ça facilite tellement les choses sur le long terme.

Ensuite, il ne te reste plus qu'à aligner tes limites avec ces valeurs. L'une des méthodes pratiques, c'est simplement de mettre de côté tout ce qui engendre en toi de la frustration ou du mal-être, parce que ça perturbe l'essence de ce qui t'anime. Une autre technique consiste à observer lorsque tu te retrouves en désaccord avec quelque chose ou quelqu'un et sentir jusqu'à quel point tu es prêt à t'y adapter. Si tu sais qu'une valeur profonde est en cause, alors ta limite doit la refléter sans concession. Tu te sens aligné comme jamais.

Quand tout s'harmonise, tu as un cadre qui non seulement te protège mais qui également stimule ton **épanouissement** sans nuire à ton sens personnel de liberté. Cultiver cette **cohérence** interne te permettra à terme de poser des limites naturellement, sans conflit interne. Elles deviennent alors l'expression la plus facile de qui tu es vraiment, comme un reflet dans un miroir. Plus juste, difficile de faire.

Reconnaître tes besoins et tes limites

Tu sais, parfois, on court après des choses qu'on croit **essentielles** à notre bonheur – une nouvelle bagnole, ce petit pull branché, ou même l'envie de sortir tous les week-ends. En fait, il n'est pas rare de confondre ces envies avec des besoins. Quelle est la différence ? D'un côté, les envies sont souvent passagères, influencées par ce que tu vois, ce que tu ressens sur le moment. C'est un peu comme cette fringale de chocolat à minuit – tu crois ne pas pouvoir t'en passer, mais au fond, tu sais bien que c'est plus une histoire de désir que de nécessité.

Les besoins réels, eux, sont beaucoup plus profonds. Ce sont des choses **indispensables** pour ton bien-être physique et émotionnel. Un toit sur ta tête, des repas réguliers, un sommeil réparateur, et bien sûr, l'affection des autres. Ils ne sont pas juste là pour rigoler, ils sont présents en arrière-plan, et ne disparaîtront pas simplement parce que tu les ignores pour dire oui à d'autres impulsions. Apprendre à les reconnaître, c'est crucial pour prendre soin de toi avant tout.

D'ailleurs, si tu arrives à distinguer tes envies fugaces de tes besoins réels, tu seras mieux **armé** pour éviter des décisions impulsives qui te laissent vidé ou même frustré. Parce qu'en fin de journée, si tes besoins sont négligés au profit de tes envies, ça se termine souvent par de l'épuisement et du ressentiment. C'est pourquoi tu dois faire le tri – et apprendre à dire non à certaines envies pour préserver l'essentiel.

Et ça, ça nous amène tout naturellement à parler de tes limites personnelles. C'est un truc proche de ne pas se cramer à longueur de journée – un peu comme une **batterie** qu'on ne recharge jamais. Tes limites, elles existent pour te signaler quand tu pousses un peu trop. Mais le hic, c'est qu'on ignore souvent ces signaux pour essayer de satisfaire tout le monde. Parce qu'on pense, à tort, que poser ses limites, c'est égoïste ou mal vu. Pourtant, rien de plus faux.

Regarder en face ses propres limites, c'est se **protéger**. Quand tu sais jusqu'où tu peux aller sans te perdre, c'est là que tu mets les freins pour que ton énergie reste à un bon niveau et que tu ne sois pas en permanence en mode survie. Cela aide aussi à dire non, sans culpabiliser. Parce qu'en te respectant, tu te mets finalement en posture de respecter aussi les autres d'une manière saine et durable. Et en fin de compte, qui peut vraiment donner de l'amour aux autres s'il est lui-même à plat ?

En abordant ces questions, tout devient naturellement un sujet connexe : s'accorder le **respect** qui nous est dû et écouter nos besoins. Concrètement, quand tu honores tes besoins et acceptes sans honte là où se trouvent tes limites, tu vois instantanément une amélioration de ton bien-être mental et physique. Car non, il ne s'agit pas d'être égoïste, mais bien d'assurer les bases qui soutiennent tout le reste de ta vie.

Prendre soin de ses besoins et respecter ses limites, c'est comme arroser une plante : ça grandit, ça **fleurit**. Et c'est, dans le fond, la clé pour trouver un **équilibre** où tu te sens bien dans ta tête et dans ta peau. Quand tu prends le temps de t'écouter, de répondre à tes besoins avant de remplir le monde entier avec ta gentillesse, c'est là où tu trouves la paix que tu cherchais tout ce temps. Et tout commence par s'autoriser à dire oui – ou non – en fonction de ce qui est bon pour toi. C'est ça, la base des frontières respectueuses.

Le Rôle de l'Estime de Soi dans l'Établissement des Limites

L'**estime** de soi joue un rôle crucial dans ta capacité à fixer des **limites** claires au quotidien. Quand tu te sens bien dans ta peau, c'est beaucoup plus facile de dire non quand il le faut et de protéger ton espace personnel. Avec une bonne **confiance** en toi, tu n'as pas cette peur qui te pousse parfois à dire oui juste pour plaire. Ton estime de toi renforce tes frontières et t'aide à les affirmer avec fermeté et bienveillance. Tu es en paix avec qui tu es, et ça change tout.

Par contre, quand ton estime de soi est faible, c'est une tout autre histoire. Les limites deviennent floues. Tu as peut-être la trouille de décevoir ou de ne pas être assez apprécié, alors tu acceptes tout sans vraiment le vouloir. Chaque refus ou rejet peut te sembler dramatique, alors que ce n'est souvent pas si grave. Ce besoin de plaire à tout prix vient souvent de là, de cette envie d'être accepté coûte que coûte. Mais en vrai, ça ne fait que t'épuiser et te perdre. C'est pour ça que quelqu'un avec une faible estime aura du mal à dire non – la peur de rejeter ou d'être rejeté l'emporte sur le besoin de poser une limite.

Le truc cool, c'est que tu peux bosser sur ton estime pour poser des limites plus nettes. Ça passe par prendre soin de toi, arrêter de te comparer aux autres et rester fidèle à tes **valeurs** perso. Si tu es plus à l'aise avec toi-même, tu seras plus serein avec tes limites, plus enclin à exprimer ce que tu veux ou ne veux pas. Jette aussi un œil aux petites **victoires** – elles sont déjà là dans ta vie même si tu ne les remarques pas toujours. Concentre-toi dessus. Parle-toi gentiment, comme tu le ferais avec un pote. Chaque pensée positive que tu t'accordes t'aide à mieux te valoriser, et du coup renforce ta capacité à dire non sans culpabiliser.

Et c'est ça le lien clé entre estime de soi et limites. Plus tu deviens sûr de toi, plus poser des limites devient presque naturel, et moins tu te sens coincé dans des situations que tu subis. C'est un cercle vertueux : l'estime nourrit les limites, et les limites, à leur tour, boostent l'**estime** que tu as de toi-même. Petit à petit, tu reprends le **contrôle**, et ça fait un bien fou.

Développer un Fort Sens de Soi

Un des **concepts** les plus importants quand on parle de limites dans les relations, c'est la différenciation de soi. Mais qu'est-ce que ça veut dire, en vrai ? Eh bien, c'est ton **habilité** à te voir comme quelqu'un de distinct, avec tes propres besoins et désirs, même quand tu es en couple ou dans une relation proche, qu'elle soit amicale ou familiale. Parfois, tu as tendance à t'oublier quand tu es trop impliqué avec une autre personne. Tu prends son opinion trop à cœur, ou pire, tu te crois obligé d'y adhérer, même si ce n'est pas vraiment ce que tu penses. La **différenciation**, c'est un peu comme te rappeler que t'es une personne entière à part entière, même si t'es proche de quelqu'un.

Quand tu arrives à mieux te différencier, les **relations** gagnent en qualité. Et oui... Te rendre compte que t'es pas obligé de tout partager ni être d'accord sur tout… ça change tout. Tu commences alors à apprendre ce qui importe vraiment pour toi, ce où tu peux être un peu plus souple et aussi les occasions où c'est possible de dire « Non, ça, c'est pas pour moi ». En fait, la différenciation t'aide à garder ton intégrité mentale et émotionnelle intacte, même au milieu des attentes et des exigences des autres. Plutôt cool, non ?

D'une manière générale, t'exprimer sur ce qui te convient devient plus naturel... Ce qui, au passage, rend vraiment la **communication** de tes limites super claire. Parce qu'autant, dire ce qui est important pour toi n'en devient pas automatique, autant, ça devient plus simple.

Suivons la logique… si tu connais bien ce qui te caractérise, ce que tu veux et ce que tu ne veux franchement pas, c'est plus facile de mettre en place des barrières, sans faire grand bruit. T'es pas en situation où tu dois sortir les griffes ni être sur la défensive. T'as simplement cette prise de **conscience** tranquillement ancrée qui t'aide à poser les choses sans en faire tout un plat. En gros, une bonne base pour des frontières équilibrées.

En plus, quand tu développes un bon sens de toi-même, ta communication avec les autres est plus nette. Les autres reçoivent ces indications ("bon, là on va jusqu'ici mais stop pour m'aider à rester moi") et c'est comme si ça compliquait moins les choses de vie commune, ou de couple.

Et puis parlons d'un truc trop sous-estimé - l'**individualité** dans les relations. Y'a trop souvent ce cliché où deux personnes doivent absolument se fondre en une seule entité pour être heureuses. Il est vrai que tu veux te sentir près de tes potes ou de ton/ta partenaire. Mais si t'effaces totalement ta singularité dans le processus, ça tue lentement cette **proximité** qu'on recherchait au départ. Garde ton espace perso, pas que physique hein, mais aussi mental. Tu verras, l'intimité monte en flèche ! Parce que ce n'est plus « un » espace monotone mais deux mondes qui se comprennent, évoluent, se respectent et créent des vrais moments authentiques, sans se perdre en chemin…

En Conclusion

Dans ce chapitre, tu as appris des méthodes essentielles pour établir des limites saines. Ces **concepts** t'aideront à mieux te comprendre et à respecter tes besoins personnels tout en étant juste avec les autres. Prenons un moment pour résumer quelques points clés :

La **conscience** de soi est primordiale pour reconnaître ce qui compte vraiment pour toi. Tes **valeurs** personnelles peuvent guider tes décisions quand il s'agit de fixer des limites. Il est crucial de faire la différence entre tes **désirs** et tes besoins réels, et de savoir les distinguer. Apprendre à identifier et respecter tes propres **limites** t'aidera à éviter l'épuisement. N'oublie pas que l'**estime** de soi joue un rôle crucial dans la défense de tes frontières personnelles.

Ces idées vont te permettre de prendre conscience de ce qui est essentiel pour ton **bien-être**. Mets-les en pratique dans ton quotidien et tu verras que tes **relations** en seront renforcées. Rappelle-toi que tu mérites que tes besoins soient respectés, et c'est en respectant tes limites que tu seras le plus à même de vivre une vie pleine de sérénité et de respect mutuel. Sois fier de toi chaque fois que tu défends tes **valeurs** !

Chapitre 3 : La psychologie des limites

T'es-tu déjà demandé ce qui **façonne** vraiment tes **relations** ? Moi, j'ai longtemps cru que tout reposait sur la communication et la compassion. Puis, un jour, j'ai réalisé qu'il manquait un ingrédient essentiel à cette recette. Et si je te disais que ce petit truc avait le pouvoir de **bouleverser** ta façon d'interagir avec les autres ?

Dans ce chapitre, je vais explorer un sujet souvent négligé, voire **ignoré** : les **limites** personnelles. Eh oui, celles que tu as établies dès ton plus jeune âge continuent de jouer un rôle crucial aujourd'hui. C'est dingue de voir à quel point notre passé peut encore influencer nos **comportements** actuels.

Je vais t'emmener plus loin pour **comprendre** pourquoi ces limites existent, comment elles sont nées, et surtout, comment les rendre plus saines. Tu es prêt à changer ta vision des **relations** ?

Comment les limites façonnent nos relations

Parfois, il peut être difficile de **comprendre** à quel point les limites claires sont bénéfiques dans nos relations personnelles. Mais imagine ça : tu es dans une relation où tout est flou, où tout paraît un peu... brouillé. Sans limites, c'est comme marcher les yeux fermés. Des limites claires permettent de savoir où tu t'arrêtes et où l'autre commence. Ça te donne un sentiment de **sécurité**. C'est fou comme un petit cadre bien défini peut alléger le mental.

Maintenant, creusons un peu plus. Les limites, ce n'est pas juste dire "oui" ou "non". C'est aussi tout ce qui détermine jusqu'où tu te permets d'aller—et jusqu'où tu laisses les autres venir vers toi. Quand c'est net, c'est vraiment apaisant psychologiquement. C'est comme un mur invisible qui te protège—sans devoir le maçonner, bien sûr. Ça t'aide à préserver ton intégrité mentale, rendant tout à coup le quotidien un peu moins **chaotique**.

Tiens, ça influence même la façon dont tu t'attaches et dont tu te retrouves dans tes schémas relationnels. T'as déjà remarqué à quel point certaines relations te bouffent plus que d'autres ? Ça vient souvent des styles d'**attachement** développés depuis tout petit. Mais bingo, si tu arrives à poser des frontières claires, même ces vieux schémas peuvent commencer à s'éclaircir. En gros, il devient plus facile pour toi de reconnaître ce qui est sain... et ce qui ne l'est pas. Poser ces fameuses barrières aide vraiment, comme remettre tout d'équerre et montrer quelle direction tu veux que la relation prenne sans te le laisser dicter par les autres.

Et là, on ne parle même pas que d'amour ici, mais de toutes sortes de **relations**—avec tes parents, tes potes, même au taf. Les limites dues à un bon attachement, ça rétablit l'équilibre, un truc qui aurait pu pencher du mauvais côté depuis un bail. Créer ces points de repère, c'est presque comme des lamelles aimantées qui définissent où va le courant émotionnel. En gros, ça te simplifie tellement la vie.

Pas envie de te bombarder d'infos, mais il faut dire aussi que ça renforce énormément le **respect** mutuel entre vous. Quand chacun connaît sa "ligne à ne pas franchir", ça baigne, déjà, un vrai gage de confiance s'installe. On ne se marche plus sur les pieds, on offre de l'espace à l'autre sans l'envahir. Et ça pousse gentiment à se respecter davantage, non ? Personne ici ne veut se sentir étouffé, accusé à tort ou jugé en marchant sur des œufs.

Mettons que c'est plus fort que toi, tu sens que tu dois fixer ces contours, mais t'es trop **anxieux** de froisser ? Eh bien, quand les gens voient que tu continues tranquillement dans ta voie, c'est bizarrement plus simple... Franchement, ils s'y tiennent.

Alors, voilà ce qu'on doit comprendre. En réalité, ça peut sembler anodin, mais ces dites-barrières enrichissent tes relations sur tant de plans. Elles dessinent ce que chacun de vous inscrit dans ses "cartes" et s'y engage finalement dès que les règles tacites sont **comprises**.

L'impact des expériences de l'enfance sur la formation des limites

Quand t'es petit, la **famille** c'est tout—une sorte de bulle protectrice. C'est aussi là que se forment tes premières idées sur ce qui est accepté ou pas, ce qui est permis ou non. Car oui, ce sont les dynamiques familiales de ton enfance qui façonnent ta manière d'aborder tes relations. Les **limites**, par exemple. Mais voilà... dans certaines familles, on trouve souvent des déséquilibres. Les parents peuvent s'accaparer une grande majorité des décisions, même les plus personnelles. Peut-être que tu te souviens de ces moments inattendus, où un parent décidait à ta place de ce que tu devais aimer ou faire—ces petites choses façonnent ce que tu acceptes en grandissant.

L'**enchevêtrement**, c'est quand les frontières dans une famille deviennent floues. Les parents (ou autres membres de la famille) ignorent les besoins individuels, insistent pour que tout soit fait en commun, ou imposent leur avis à la place du tien. C'est cette confusion totale entre ce que tu désires vraiment et ce qu'ils exigent. Résultat ? C'est dur, une fois adulte, de dire "non" ou "oui" tranquille, sans malaise ou culpabilité. Tu te retrouves souvent à penser que tes besoins, tes envies importent moins parce que... tu n'as jamais vraiment appris à les faire passer en premier.

Ce que ça crée à l'intérieur, c'est ce sentiment constant de "devoir"—tu sais, comme si t'étais sous **obligation** de faire plaisir tout le temps. Et quand t'essaies de te créer des limites, soit elles s'effritent, soit elles deviennent si rigides (par peur de cet enchevêtrement) que les autres n'arrivent plus à se connecter à toi. Pas facile, hein ?

Et comme si ça ne suffisait pas, les **traumatismes** de l'enfance ajoutent une autre couche à cette difficulté de fixer des limites. Imagine un enfant qui traverse des épreuves douloureuses sans pouvoir se défendre—surtout sans personne pour l'écouter ou le croire. Ces expériences t'apprennent que tu as peu de contrôle sur ta vie. C'est un peu comme si on te persuadait que dire non, c'est dangereux, que demander ce que tu veux mène toujours à être blessé ou rejeté.

Peu à peu, ces petites idées s'ancrent, elles restent, parfois sans que tu t'en rendes compte. T'arrives à l'âge adulte avec la difficulté à t'**affirmer**, par crainte d'être rejeté ou d'éviter de raviver cette douleur passée. Il est même possible que tu développes une carapace ultra-protectrice autour de toi, en te braquant dès que quelqu'un t'approche. Ou au contraire, tu deviens expert à tout accepter, pensant que c'est la seule manière d'apprendre à aimer ou être aimé.

En gros, ce qui s'est passé dans ton enfance joue un rôle plus **massif** que tu ne le penses dans la façon dont tu te lies aux autres aujourd'hui. Mec, c'est un travail d'une vie que de redresser la barre, mais t'en es capable. Car tu mérites de te respecter et de t'affirmer, suffisamment, pour que tes **relations** soient belles et équilibrées, pas envahissantes.

Avantages psychologiques des limites saines

Franchement, mieux vaut le dire tout de suite : poser des **limites**, ça te change la vie. Quand tu sais dire oui et non au bon moment, ta tête devient plus légère. C'est fou comme juste fixer une simple frontière peut calmer ton **esprit** et ton cœur à la fois. Et c'est pas juste une question de thérapie ou de beaux discours. Non, là, on parle d'un vrai truc qui impacte directement ta **santé** mentale.

Déjà, quand tu établis des limites, tu te crées une sorte de zone de confort psychologique. Ta tête arrête de cogiter sur des milliers de sujets à la fois. Tout simplement parce qu'il y a des choses sur lesquelles tu n'as même plus à réfléchir. Ton cerveau te remercie, littéralement. Et franchement, sans ces milliers de pensées qui défilent en boucle, tu te sens tout de suite mieux. Moins d'**angoisses**, moins de nuits blanches... en clair, plus de sérénité.

Mais les bienfaits ne s'arrêtent pas là. T'as déjà eu ce moment où t'es stressé rien qu'à l'idée de croiser quelqu'un ou d'aller à un rendez-vous ? Eh bien, laisse-moi te dire que fixer des limites, ça change la donne. Quand tu sais clairement quels sont tes "oui" et tes "non", t'es nettement moins **stressé**. Victoire minime, dirait-on, mais pourtant si grande. Ton anxiété baisse parce que tu sais à quoi t'attendre, et surtout, tu commences à gérer tout ce qu'il te faut éviter ou accepter dans tes relations. Tes journées deviennent, disons, plus navigables. Moins de mauvaises surprises, plus de contrôle — c'est plutôt pas mal, non ?

Peut-être que tu ne t'es jamais demandé ce que ça fait sur ta vision de toi-même... mais poser des limites, c'est avant tout te **respecter**. Et quand tu te respectes, ben sans surprise, ton image de toi-même s'améliore. Forcément. C'est logique en fait. On se voit mieux quand on s'affirme. Et avec ça, ton estime en prend aussi un sacré coup — dans le bon sens, bien sûr.

Car finalement quand tu fixes une limite, tu choisis ce qui est important pour toi. Tu sais ce dont tu as besoin — et ce que tu n'acceptes plus. Tu apportes cette énergie suffisante, presque vitale, dans ta vie qui dit "je me respecte, donc je demande que tu le fasses aussi". Et cette fierté silencieuse, cette sorte d'**affirmation**, vient renforcer tout ça un peu chaque jour. Et le reflet que tu vois dans ton propre miroir devient, tranquillement mais sûrement, celui de quelqu'un d'assuré, de fort, de serein. Étonnant, tout ça avec rien qu'une petite frontière, non ?

Bref, fixer des limites, c'est beaucoup plus que dire Oui ou Non. C'est un pas solide vers une santé mentale équilibrée, un répit certain pour diminuer le **stress** et l'anxiété, et un encouragement direct à croire en toi-même. À toi de décider où tracer la ligne !

Surmonter les barrières psychologiques pour établir des limites

Tu connais ce **sentiment**, non ? Celui qui te noue l'estomac dès que tu penses à dire "non". Quand il s'agit de fixer des **limites**, un tas de peurs te sautent dessus. « Que vont-ils penser de moi ? Et s'ils m'abandonnaient parce que je pose trop de limites ? » C'est l'angoisse que ta voix intérieure brandit comme une menace dès que l'idée de te protéger se profile. Parfois, c'est même plus subtil. « Est-ce que je mérite vraiment ça ? » Oui, cette petite phrase qui t'étreint en douce et t'empêche d'agir. Tous ces « et si... » te retiennent. Comme un frein à main que tu n'as pas pensé à desserrer.

C'est normal d'avoir ces **peurs**—on est humain, après tout. En plus, elles ne sont pas toutes absurdes. Mais elles sont amplifiées. Par exemple, on redoute d'être rejeté. En général, notre esprit transforme déjà la moindre gifle psychologique potentielle en un scénario catastrophique. Souvent, on étouffe ces craintes en organisant sa vie de manière à ne pas perturber les autres, sans se rendre compte du prix que l'on paie pour ça. Cette tendance à tout exagérer, ça a un nom. Les psychologues l'appellent "**distorsions cognitives**". Ouais, ça sonne sérieux, mais ne t'inquiète pas—rien de terrifiant là-dedans.

Si tu percevais les choses sans perdre de vue le bon sens, poser des limites paraîtrait tellement simple. Malheureusement, notre cerveau adore compliquer les choses. Exemple : ce qu'un ami proche te dirait, toi tu le retournes et y ajoutes un sacré gros paquet d'huile sur le feu, te convaincant qu'un refus pourrait ruiner une amitié. Genre tout noir ou tout blanc. Pourtant, les vraies amitiés ont plutôt besoin de nuances de gris pour survivre. Une autre distorsion ? Tu te dis que si tu fais une ou deux erreurs, tu es fichu à vie. Une règle d'or que tu devrais suivre donc est celle-ci : si tu n'étais pas aussi sévèrement attaché à ces distorsions, poser des limites serait presque courant, un acte sans chichi ni stress.

Du coup, comment défier ces **croyances** ? Fastoche. Tu sens que t'es en train d'aller droit au mur ? Première chose à faire : assume que tu exagères peut-être. Jeune super-héros que tu es. Imagine la scène. Parfois, déformer la réalité t'épargne d'assumer des responsabilités concrètes. En rejetant ces croyances anti-limites, la clé réside dans le fait d'être **sceptique**. « Et si ce n'était que mon esprit qui exagère ? » C'est fou, mais, souvent, changer juste un petit mot change tout.

Tente ça la prochaine fois : plutôt que te dire que poser des limites « va agacer » ton collègue, dis-toi qu'il « pourrait » en parler demain sans donner suite d'emblée. Suis le fil de tes **pensées** et remplace-les par des faits réels—maintenant ou non ! La transparence vaut beaucoup plus que l'antique stratégie du "qui ne tente rien n'a rien".

C'est moi, ou fixer des limites semble tout d'un coup accessible ? Allez, avoue. S'attaquer à des peurs enracinées puis passer ses pensées sous un bon filtre de **réalisme**... Tu vois, tout cela, c'est comme découdre doucement un tissu finement tissé de mauvaises analyses internes. Une aiguille équilibrée entre **confiance** en toi et lucidité fait des miracles.

En conclusion

En arrivant au terme de ce chapitre, tu devrais maintenant bien **comprendre** l'importance des **limites** personnelles dans nos relations, leur origine psychologique, et les **bienfaits** qu'elles apportent. Les considérations de ton enfance jouent un rôle fondamental dans la formation de ces frontières essentielles.

Dans ce chapitre, tu as vu l'importance de définir des limites claires dans les **relations** pour favoriser le respect mutuel. Tu as aussi découvert l'**impact** majeur que les expériences de l'enfance peuvent avoir sur le développement de tes limites personnelles. Tu as appris à reconnaître quand tu as des difficultés à poser des limites et comment y faire face. Les **avantages** sur la santé mentale, de la réduction du stress à une meilleure estime de soi, que peuvent apporter des limites bien définies, ont été mis en lumière. Enfin, tu as exploré comment identifier les peurs et **croyances** limitantes qui t'empêchent parfois de mettre en place ces barrières essentielles.

Finalement, applique ces **enseignements** dans ton quotidien, surmonte tes doutes, et apprends à dire "non" lorsque cela protège ton espace personnel. De cette manière, non seulement tes relations s'amélioreront, mais ton bien-être personnel en sera également renforcé. Continue sur cette voie, tu es bien sur le chemin de relations saines et épanouies !

Chapitre 4 : Types de frontières

T'es-tu déjà senti comme si quelque chose manquait dans tes **relations** ou ton équilibre personnel ? Quand je pense à toutes les fois où j'ai laissé mes **limites** – ces sortes de lignes invisibles – être franchies, je me dis, peut-être qu'il est temps de mieux les définir. Et toi ? C'est **fascinant**, non ? Penser qu'une simple limite, qu'elle soit **physique**, **émotionnelle** ou mentale, peut carrément changer notre manière de vivre et d'interagir.

Dans ce chapitre, on va plonger dans ces différentes sortes de **frontières** et vraiment comprendre leur importance. Imagine comment tu pourrais renforcer tes propres limites – ça pourrait bien faire une énorme **différence** ! Si tu t'es déjà demandé où tracer la ligne, ce chapitre pourrait bien t'éclairer. J'ai aussi inclus un **exercice** pratique pour qu'on puisse vraiment creuser et découvrir ce qui te correspond... Alors, pars à la découverte et laisse-toi surprendre !

Limites physiques

Avoir de l'**espace** autour de toi, c'est essentiel. C'est comme un petit cocon invisible qui te protège, te permet de respirer et de te sentir en sécurité. Personne n'aime qu'on soit collé à lui dans une file, dans le bus ou même en discutant avec des potes. L'espace personnel, c'est justement ça – une **bulle** qui peut fluctuer, mais qui reste fondamentale pour chacun. Il faut aussi comprendre ce qu'est l'**autonomie** corporelle. C'est important, non ? Savoir que ton corps t'appartient. Tu es le seul maître de cet espace intime. Tu n'as pas à te justifier si tu préfères t'asseoir tout seul d'un côté du canapé ou si tu refuses un contact physique non souhaité.

Parfois, ces **limites** sont violées, volontairement ou non. Et des violations, il y en a plein. Te souviens-tu d'un moment où quelqu'un s'est penché trop près de toi et où tu as dû reculer instinctivement ? Cette impression d'étouffement... ça te rappelle quelqu'un qui attrape brusquement ton épaule en te blessant sans même s'en rendre compte. Ce genre de choc touche plus que de simples limites physiques - ça pourrait vraiment générer de la gêne, une légère anxiété, voire pire.

Plus embêtant encore : ceux qui saisissent inconsidérément le poignet ou posent facilement leur main lourde sur une épaule, en pensant bien faire. Mais étais-tu d'accord ? Tu as apprécié ces gestes envahissants ? Souvent, ces petits incidents laissent un malaise. Ce n'est pas juste un caprice, car ces violations de **proximité** blessent un peu plus chaque fois. Et cette gêne chevauche facilement un sentiment global de non-respect, nourrissant une réaction en chaîne pas vraiment saine pour tes relations et ton bien-être.

Comment poser une limite amicale quand c'est déjà bien trop gênant ? Parfois, il faut bien établir des règles. La règle : à toi d'imposer tes limites, quoi qu'il en coûte. Un peu stressant au début peut-être, mais la technique "Stop, Think, Assert", c'est comme ta baguette magique pour éviter ça. En fait, tu vois, c'est comme au feu rouge. "Stop" : tu arrêtes sur-le-champ l'action, la phrase en pleine course. Ensuite, "Think" – demande-toi si ça te plaît ou pas. Dernière étape : "Assert". Fais-le savoir, calmement mais fermement. Une mise à jour de ta bulle que l'autre appréciera vite... ou, peut-être étonnamment, cette limite par **résistance** rendra la situation plus claire pour tout le monde.

Quand tu y réfléchis vraiment, cette technique, c'est comme un mode d'emploi universel qui marche partout – que ce soit pour éviter ce fameux envahisseur dans ta bulle ou minimiser ces conséquences fâcheuses, bref tout devient plus supportable : éviter cette intrusion impolie.

Après tout, à quoi sert une limite si elle n'est pas respectée ? La raison est simple et personnelle, juste quand il faut préserver ton espace perso - chi va piano va sano. Faire preuve de lenteur délibérée dans ce que tu ressens, réfléchir, et former clairement avec **conviction** ces phrases courtes avant que ce contact ne devienne étouffant... vraiment, ce n'est pas une "technique", c'est juste une réalité pratique que tu attends volontiers évidemment, et que tu redoutes aussi un peu... D'autant plus **nécessaire** !

Limites émotionnelles

Quand on parle de **bien-être** mental, les limites émotionnelles sont essentielles. Elles fonctionnent comme une sorte de barrière protectrice, empêchant les autres d'envahir ton espace mental. Pourquoi ? Pour éviter l'**épuisement**. On dit souvent que si tu laisses tout et tout le monde te pomper ton énergie, tu finiras par te sentir à plat, vidé — sans plus rien à donner. Ces limites, c'est ce qui empêche ce scénario de se produire.

Sans elles, tu te retrouves à absorber les émotions des autres, à tel point que tu oublies tes propres sentiments. Ça peut facilement mener à une surcharge émotionnelle, où tu n'es plus qu'un simple conteneur pour les problèmes de tout le monde. Mais te sens-tu **responsable** de tout ça ? Si oui, c'est parce que tes limites émotionnelles sont un peu trop perméables. Quand tu t'affirmes et que tu dessines ces lignes claires, tu te protèges mentalement et tu te donnes la permission de choisir ce qui t'affecte. Ça aide à préserver une certaine énergie pour toi.

Maintenant que tu vois à quoi servent ces limites émotionnelles, parlons d'un truc souvent mal compris : la différence entre l'**empathie** et l'enchevêtrement émotionnel. C'est facile de confondre les deux, surtout quand tu es quelqu'un d'empathique, prêt à t'investir à fond dans ce que les autres ressentent. Être empathique, c'est bien. C'est pouvoir comprendre l'autre, vivre ses émotions... enfin, parfois juste les ressentir un peu. Entre empathie et fusion totale, cependant, la ligne est fine. Pas toujours facile de te rendre compte quand tu t'engages trop émotionnellement...

Quand tu es complètement **enchevêtré**, les choses vont au-delà de l'empathie. Tu ne ressens plus « avec » l'autre, tu ressens « à leur place ». Et là, ton esprit s'embrouille. Plonger dans les problèmes des autres sans maintenir une distance émotionnelle, c'est perdre ton identité, tes réflexions... presque comme si les émotions des autres devenaient tes propres réactions. Clairement, c'est fatiguant. C'est l'épuisement assuré — rempli de choses qui ne t'appartiennent même pas !

Après tout ça, garde en tête une principale règle mentale : protecteur, pas renfermé. Se sentir parfois frustré par cet enchevêtrement n'est pas rare et c'est là que ton « **Conteneur Émotionnel** » entre en scène.

Visualise-le comme une grande bulle ou une boîte magique où tu peux mettre tout ce qui est trop lourd, trop dramatique. Ce conteneur n'est ni se fermer à tout ni ignorer tout le monde. Pense-le plutôt comme ton outil quotidien pour dire : « Là, une pause », « Ok, je t'écoute, mais je garde la mienne ». Dès que tu ressens cette pression intérieure du « trop », cette technique est ta bouée de sauvetage. T'envelopper de ça, c'est t'assurer de ne pas saturer.

Parfois, tu peux même imaginer mettre un couvercle dessus, le fermant temporairement pour ne pas t'engloutir sous cette charge. Ce conteneur **flexible** te permet d'y revenir après avoir pris soin de toi-même, de remettre ce couvercle quand tu as besoin de te remplir avec autre chose.

Finalement, les limites émotionnelles ne te déconnectent pas des gens. C'est juste assurer que tu restes toi-même, bien **ancré**.

Démêlé. Et ça veut dire continuer à être là pour les autres, mais en entier, pas en miettes.

Limites Mentales

Tu sais, les limites mentales, c'est comme un **bouclier** invisible qui protège tes croyances et tes pensées les plus profondes. Tes **idées**, c'est un peu le cœur de qui tu es, ce qui te rend unique. Un simple échange de mots suffit parfois à déstabiliser cet équilibre si tu n'as pas fixé de limites claires. C'est là que les limites mentales entrent en jeu. En plaçant des règles, même silencieuses, sur ce que tu es prêt à écouter ou à refuser, tu maintiens cet ordre, cette structure intérieure si essentielle.

Imagine ça. Tu discutes avec quelqu'un qui rejette toutes tes idées ou qui essaie de te forcer à voir les choses de sa façon. Eh bien, si tu n'as pas de limites mentales bien gardées, tu vas commencer à douter de ton propre **jugement**. Un vrai bazar, non ? Ces limites, c'est comme une alarme qui te dit : "Stop, ces pensées-là, elles ne passeront pas." Elles te permettent de trier, choisir, et surtout protéger ce que tu penses et crois.

Tu vois, quand une personne dépasse tes limites mentales, même sans le vouloir, c'est un vrai coup à ton **estime** de soi. Franchement, c'est crevant de toujours se demander si ce qu'on pense est correct ou pas. Quand ton espace mental est malmené, tu te mets à douter de toi-même, à te questionner pour rien. Le hic, c'est que petit à petit, ton esprit intérieur rétrécit. Il y a un effet boule de neige où tu deviens moins sûr de toi, tes pensées semblent moins solides. Et là, paf, l'estime de soi en prend un coup. Tu te remets à tout remettre en question, même ces petites décisions qui ne devraient pas te faire hésiter une seconde.

Mais t'inquiète, même avec ces risques, tu peux te protéger. Il y a une astuce super simple mais tellement efficace pour empêcher que ça n'arrive. Il s'agit de garder un espace bien surveillé dans ta tête. C'est ce que j'appelle le "**Filtre** de Pensées." C'est une technique pas compliquée, mais hyper puissante. Tu n'invites que les pensées constructives, celles qui t'appartiennent vraiment et qui te parlent, tout en repoussant les critiques infondées ou les idées imposées par les autres. Imagine que tu conduis une voiture : tes pensées, c'est ce que tu choisis de mettre dans le GPS. Si le trajet que les autres te proposent ne te convient pas, hop - pas d'arrêt à cette station-là.

Alors comment ça marche en pratique ce "filtre" ? C'est simple. Quand quelqu'un te dit un truc ou envoie une **information** vers ta tête, tu mets sur pause. Sérieux, tu refroidis le tout quelques secondes. Puis tu te demandes tranquillement : "Est-ce que cette idée m'aide ou me bloque ? Est-ce que ça me ressemble ?" Si la réponse est non, alors direction poubelle. Tout est bon si ça t'aide à mieux avancer. Avec le temps, ce **filtre** devient presque automatique, et franchement, ta **santé** mentale et ta sérénité te diront merci.

Limites de temps et d'énergie

Tu te sens parfois **épuisé**, comme si tu n'avais plus une once d'énergie pour continuer ? C'est là que les limites de temps et d'énergie jouent un rôle crucial. Imagine ton **énergie** comme une réserve limitée. Si tu ne mets pas des gardes-fous pour la protéger, tu risques de te retrouver à sec. Se surmener n'est bon pour personne. Et le résultat, c'est l'épuisement total. En posant des limites claires, tu protèges ta santé mentale et physique.

Dire non à certaines demandes pour préserver ton temps et ton énergie peut te sembler difficile. Mais envisage les **conséquences** de dire oui à tout : boulot jusqu'à pas d'heure, plus de détente, et surtout, un sentiment constant de fatigue. Personne ne devrait vivre comme ça. Savoir poser des limites, c'est comprendre que ton bien-être passe avant les attentes des autres.

Mais bon, poser des limites, ça nécessite de reconnaître où se trouvent les sources de ta fatigue. On appelle ces sources les **"voleurs de temps"**. Ces petits trucs qui se faufilent sans bruit dans ta journée et te piquent tes précieuses heures. Ça peut être une réunion qui n'en finit pas, des tâches que tu pourrais filer à quelqu'un d'autre ou même ce collègue qui n'arrête pas de te bassiner. Si tu les repères bien, tu pourras agir et réorganiser ta journée pour garder ton énergie au top.

Alors, comment faire pour repérer ces voleurs de temps ? C'est simple. Jette un œil à ta journée d'hier. Analyse chaque heure en détail. Où est-ce que ton temps s'évapore ? À quoi tu passes tout ce temps qui pourrait être mieux utilisé ailleurs ? Peut-être que c'est répondre illico à chaque mail qui apparaît sur ton écran ou être toujours dispo pour filer un coup de main. Une fois identifiés, remets tes **priorités** en ordre. Bloque des créneaux pour les trucs essentiels. Prévois aussi du temps pour débrancher et juste prendre soin de toi.

Et une fois que t'as démasqué ces voleurs de temps, réorganise-toi. Garde tes limites bien en place. Demande-toi : est-ce que je dois régler ce problème maintenant ou ça peut attendre demain ? Si tu réduis les trucs inutiles, tu verras que ton énergie reste stable, voire se renouvelle.

Pour t'aider à mieux gérer ces pertes d'énergie, voici un exercice que j'appelle l'"**Audit d'Énergie**". Une petite introspection quotidienne qui va te bluffer, c'est sûr. Le soir venu, fais un bilan global de ta journée. Note où tu as dépensé le plus de ton énergie. C'était vraiment nécessaire ? Si en chemin tu as vidé ta batterie sur un truc sans importance, corrige le tir. Repose-toi plus souvent, offre-toi des vraies pauses sans culpabiliser. Trouve comment rediriger cette énergie sur quelque chose qui compte vraiment pour toi.

En étant plus conscient des limites de ton temps et de ton **énergie**, tu les protèges, petit à petit. Tu comprendras alors que savoir mettre ces limites, c'est rien de plus qu'un acte d'**amour** envers toi-même.

Exercice Pratique : Identifier Tes Types de Limites

Commençons par une étape simple mais **cruciale** : fais la liste de tes activités et interactions quotidiennes. C'est comme passer ta journée au peigne fin. Que fais-tu au réveil ? Es-tu souvent en train de gérer des messages persos ou d'aider un collègue en galère ? Note tout. De ton café du matin aux discussions avec tes proches, jusqu'à la relecture de ce rapport au bureau. Tout ça, c'est important pour repérer les **failles** dans tes limites actuelles.

Un petit conseil : prends ton temps. Tu vas peut-être réaliser que certaines choses se passent presque à ton insu. Mais c'est là que l'exercice devient **efficace**. Tu deviens observateur de ce qui te sollicite et de ce qui se passe autour de toi.

Une fois ta liste en main – courte ou longue, peu importe – passons à l'étape suivante.

Il est temps de **classer** chaque élément. Place chaque activité et interaction dans une des catégories de limites : physiques, émotionnelles, mentales ou de temps/énergie. Ne te prends pas la tête avec le classement. L'important, c'est de voir comment chaque petite tâche de ta journée affecte des aspects spécifiques de ta vie. Par exemple, répondre à cette énième demande de ton collègue te vide peut-être sur le plan de l'énergie. Ou tu réalises que certains sujets de conversation bouffent un peu trop ton bien-être émotionnel.

Savoir discerner chaque limite te donnera déjà une **clarté** que beaucoup n'ont même pas sur leur propre vie. Tu pourrais même te surprendre à découvrir des frontières inexistantes que tu n'avais jamais remarquées. Prends le temps de bien te familiariser avec les catégories de limites. Ça en vaut la peine.

Une transition s'impose. Pas juste sur le papier, mais aussi dans ton esprit : regarde la liste complétée et appuie là où ça fait mal. Ou du bien. Note ton niveau de **confort** avec chaque interaction de 1 à 10, mais vas-y au feeling. Ce chiffre pourrait être dicté par tes émotions, ton stress ou même ta routine. Tu sais, ce chiffre permet de repérer les points rouges et verts pour comprendre où ça va vraiment bien et où quelque chose pourrait clocher.

Tu arrives ainsi à une image générale. Pas seulement de comment ta vie semble être, mais de comment tu la vis vraiment. Ces chiffres, même s'ils ne te parlent pas tout de suite, dessinent une carte très intime de tes **énergies** et où elles se dissipent.

Maintenant que t'as tout sous les yeux, t'as sans doute remarqué des motifs, des tendances. Peut-être que certains points forts brillent plus que d'autres, ou que des faiblesses dans ta gestion des limites apparaissent. Prends conscience de ce modèle – c'est comme réveiller le dormeur. Identifie dans quelle catégorie tes chiffres sont plus bas comparé à d'autres. C'est le moment des **révélations** sur les zones où tes forces brillent et où tes faiblesses se montrent.

Finalement, décide d'une petite chose, une seule dans tout ça, sur laquelle travailler. Choisir un point à améliorer n'implique pas d'être parfait du jour au lendemain. Simplement choisir... Le choix marque une petite décision vers le **changement**, un petit pas pour modifier une faille que tu voudrais mieux protéger – sans pression, juste avec intention.

En conclusion

Ce chapitre t'a permis de comprendre l'**importance** d'établir des limites dans différents aspects de ta vie. Avec des idées à la fois claires et **applicables**, tu te places en meilleure position pour gérer ces limites et protéger ton bien-être. Voici un résumé des principaux **enseignements** de cette lecture :

• Parler du respect de ton espace **physique** et de ton autonomie corporelle.

• Reconnaître les infractions les plus courantes aux limites physiques et leur impact sur ta personne.

• Apprendre des techniques pour dire "non" et fixer des limites physiques de manière **affirmée**.

• Comprendre comment tes **émotions** sont protégées lorsque tu établis des limites émotionnelles solides.

• Faire la différence correctement entre l'**empathie** saine et les situations où tu es trop connecté émotionnellement à quelqu'un.

C'est à toi d'appliquer ce que tu sais maintenant au **quotidien**. Construis chaque jour des frontières claires et respectueuses autour de ton espace, de tes sentiments et de tes pensées. Avec ces pratiques, tu auras plus de **contrôle** sur ta réalité et seras capable de dire "non" sans te sentir mal à l'aise ou coupable. Bonne continuation sur ce chemin !

Chapitre 5 : Lois des frontières

As-tu déjà **réfléchi** à la façon dont tu établis tes propres **limites** ? Moi aussi, je me suis longtemps posé cette question. Mais dans ce chapitre, on ne parlera pas de simples barrières... C'est bien plus profond que ça... Je veux te révéler les **règles** invisibles qui régissent nos vies, ces mêmes règles que tu as peut-être laissées sans surveillance. Et tu sais quoi ? Une fois que tu commenceras à comprendre ces lois, les choses pourraient bien **changer**. Oui, pour de bon. Ça te paraît dingue ? Peut-être... C'est là que tu verras comment ce chapitre, que dis-je, cette **vie**, peut devenir quelque chose de plus... limpide. Crois-moi, ne sous-estime pas ça. Tu trouveras des **outils** pratiques pour tester et appliquer ces **principes**. Comme on dit, le meilleur moyen de savoir si ça marche, c'est d'**essayer**. Pas vrai ? Allez, c'est parti...

La Loi des Semailles et de la Récolte

Tu sais, on parle souvent de prendre ses **responsabilités** mais sans toujours comprendre à quel point c'est directement lié à la façon dont on établit nos **limites**. La Loi des Semailles et de la Récolte, c'est ça. L'idée que ce que tu sèmes aujourd'hui, tu le récoltes demain. C'est intimement lié à notre capacité à assumer nos propres décisions et actions.

Imagine ça : si tu prends la responsabilité de poser des limites claires, tu récolteras une vie qui te respecte, avec moins de conflits et plus de sérénité. Mieux encore, c'est accepter que parfois, ce n'est pas du tout facile. Tu te sens coupable, un peu lâche, et limite égoïste. Mais... il faut voir les choses autrement. La vie, c'est un **champ**, un grand champ. Ce que tu y plantes - c'est ce qui pousse. Évidemment, ça veut dire que si tu autorises des comportements envahissants autour de toi, c'est un peu comme planter des mauvaises herbes dans ce champ. Et tu sais très bien que les mauvaises herbes, ça ne s'arrête jamais tout seul... Elles envahissent tout, prennent le dessus, et là, bon courage pour récupérer un champ à peu près propre.

Cette Loi nous apprend autre chose d'essentiel : les **conséquences** naturelles ont un énorme pouvoir sur le renforcement des limites saines. Quand tu laisses l'autre face à la vraie conséquence de ses actes - sans intervenir pour sauver la situation, ni pour arranger les choses - tu encourages un changement. Oui, parfois ça fiche la trouille, mais c'est ultra efficace.

C'est là que tout coince souvent, on a l'instinct de vouloir tout contrôler, d'arrondir les angles pour éviter de frustrer les autres... Mais, chaque fois que tu sautes à la rescousse, tu empêches l'autre de comprendre la portée réelle de ses actions. Exemple simple : tu dis non à une énième demande, et au lieu de nier ton "non", tu laisses la personne faire face à une vraie conséquence de ce "non". Genre, elle n'est plus dans le confort habituel de toujours dire oui. Ça pique un peu, ce n'est pas la fin du monde non plus, et en plus, ça l'oblige à revoir ses habitudes.

Du coup, tu as la technique de "**Cartographie** des Conséquences" qui vient tout changer. (Pas artisanal, hein... Juste un concept visuel pour ton mental.) Imagine que tu te plonges dans ce petit "exercice" posé dans ton fauteuil préféré. Tu traces une ligne droite sur une feuille et au début de cette ligne, tu notes une limite que tu poses. En te projetant un peu, tu vas placer des points - qui sont, eux, les "conséquences" sur cette ligne du temps. Là, la magie opère ! Tu mets en visuel ce qui est susceptible de survenir, avantages et inconvénients confondus. Ça réconforte carrément dans l'idée que cette frontière, elle est solide, parce que derrière, il y a un enchaînement étroitement lié à tes actions.

À chaque fois que tu fais ce petit rituel de cartographie, tout devient nettement plus tangible. Tu réalises que tu ne mets pas des limites juste par principe, mais parce qu'elles empêchent une catastrophe en chaîne. Les "**récompenses**", tu les vois bien, petit à petit. Ton entourage sera naturellement enclin à suivre tes nouvelles directions... pas sous contrainte, hein, mais face à une évidence devenue irrésistible.

Et là, tu sauras que cette Loi, finalement, elle permet encore plus. Respecter cette **équation** de la vie... ça t'apportera des récoltes dignes d'un champ bien entretenu !

La Loi de la Responsabilité

C'est quoi, cette **responsabilité**, et pourquoi est-elle si puissante ? Eh bien, tu es responsable de protéger tes propres **limites**, et quand tu acceptes ça — vraiment — tu gagnes du **pouvoir**. Un pouvoir qui te permet de dire "non" sans te sentir coupable, de définir ce qui est acceptable ou non. Au bout d'un moment, tu arrêtes de crouler sous les attentes des autres et tu commences à tracer ta propre route... À ta façon. Accepter cette responsabilité, ce n'est pas seulement porter les conséquences de tes **choix** ; c'est aussi revendiquer la capacité de vivre en accord avec toi-même.

Quand tu dis, "Je suis responsable de ça," tu tires une ligne claire qui délimite ton espace. Tu te tiens là, dans ton coin du monde, et ceux qui veulent entrer doivent respecter les règles que tu fixes. Ah, et pas de cartes de spectateur — tout le monde est impliqué, car personne ne trame tes journées à part toi. Cette responsabilisation t'aide à fixer plus qu'une simple limite superficielle. C'est toi qui montes la garde en toute sécurité à l'intérieur de tes propres barricades. Et oui, ça fait toute la différence.

Et l'autre chose ? La responsabilité, c'est à double tranchant. D'un côté, tu as la responsabilité pour toi-même — c'est tout le boulot du "je m'occupe de moi ici" dont on vient de parler. Tu fixes ta vie, tes limites, tout ça. Mais de l'autre côté, il y a la tentation de devenir responsable pour les autres. Fausse bonne idée ! Tu veux éviter tout ça ? Garde en tête que tu peux guider un pote, mais porter ses fardeaux à sa place... c'est non. Chacun doit porter ses propres sacs à dos, aussi lourds soient-ils parfois.

T'as déjà remarqué combien c'est facile de voler au secours des autres ? Ah, la satisfaction de régler les problèmes de quelqu'un d'autre peut parfois paraître irrésistible. Mais attention ! En te concentrant sur les responsabilités des autres, tu oublies les tiennes. Tu ne rends pas service en prenant en charge ce qui ne t'appartient pas. C'est comme vouloir peindre la baraque de ton voisin alors que la tienne est toujours en chantier. Chacun a une portée limitée, et c'est parfaitement acceptable.

Allez, on va rendre tout ça plus concret. Je te propose un **exercice** tout simple pour y voir plus clair dans ce mélange de responsabilités : le Camembert de Responsabilité. T'inquiète pas, t'es pas obligé d'être un artiste. Juste un rond qu'on divise en parts ! Lesquelles ? Eh bien, chacun de ces quartiers représente une de tes responsabilités. Par exemple : ton taf, ta santé, tes relations, etc. C'est toi qui décides quoi mettre dans ton camembert. Peins chaque part avec toutes les tâches que tu juges importantes — ce qui te concerne directement. Ce qui dépasse, c'est pour les autres, à eux de gérer. Seulement un quart du camembert déborde à force de t'occuper des autres ? Alors stop. Retravaille ton camembert pour qu'il te convienne vraiment à toi.

Lorsque tu fais cet exercice, tu clarifies dans ta tête où commencent et finissent tes propres responsabilités. Du coup, tu sais sur quoi tu dois te concentrer en premier lieu. Et c'est ça qui te permet de vivre ta vie en pleine **responsabilité**. Parce qu'une fois que tu sais clairement ce qui t'incombe et ce qui appartient aux autres... tu te sacrifies moins, tu t'éparpilles moins, et tu respectes vraiment tes limites. Tout cela, sans avoir besoin de donner même un soupçon d'explication... Ça redonne un **pouvoir** incroyable !

La Loi du Pouvoir

Parlons d'abord de ton **pouvoir** personnel. Quand tu prends conscience de la force que tu détiens, tu peux beaucoup plus facilement mettre en place des **limites**. C'est comme si tu allumais une lumière dans une pièce sombre. Avant, tu tâtonnais sans voir les murs ni la sortie... Une fois la lumière allumée, tout devient clair et tu sais exactement où tu te trouves. Avec cette clarté, fixer des limites devient évident.

Tu penses peut-être que tu n'as pas vraiment le contrôle de ta vie, ou que les autres décident pour toi. Ça arrive à beaucoup de gens. Mais une fois que tu réalises que tu possèdes un **pouvoir** que les autres n'ont pas sur toi - parce que personne ne décide à ta place sauf toi-même - tu changes la donne. Plus tu reconnais cette force intérieure, plus tu es capable de dire "non" ou "oui" sans culpabiliser. En fait, c'est juste une question d'oser poser tes propres murs, de tracer tes lignes.

Maintenant, voyons comment ça se connecte avec ce qu'on appelle le **locus** de contrôle. Il y a deux types de personnes : celles qui pensent que le contrôle est entre leurs mains, et celles qui le sentent à l'extérieur. Quand tu crois que tes actions influencent vraiment ta vie - qu'elles font une différence - on dit que tu as un locus de contrôle interne. À l'inverse, si tu penses que tout est dû au destin, à la chance, ou aux autres, c'est un locus de contrôle externe.

Le lien entre le locus de contrôle et les limites n'est pas compliqué, promis. Si tu penses que les autres gèrent ta vie, fixer des limites devient presque impossible. Tu te dis "À quoi bon ?". Mais si tu sens que tu as le pouvoir d'agir, même dans de petits domaines, poser une barrière devient une évidence, car tu sais que ça peut changer ta vie. Creuser un peu ce processus de réflexion peut t'amener sur un terrain bien plus stable, où tu sauras par où commencer.

Passons maintenant à la technique qu'on va appeler "**Inventaire** de Pouvoir". Cette méthode te permet de découvrir les points où ton influence est plus forte qu'ailleurs. Comment t'y prendre exactement ?

Examine ta vie sous différents angles. Fais une liste rapide des domaines importants pour toi : famille, amis, boulot, santé... Puis imagine combien de contrôle tu as dans chacun. C'est simple, mais ça peut révéler tellement de choses. Parfois, tu peux être surpris de voir dans quel domaine tu avais perdu de vue ta force, et c'est là que cet inventaire te guide. L'idée est de tout mettre à plat pour que tu puisses savoir où agir en priorité et où peut-être t'accorder un peu de douceur en posant des limites de manière graduelle.

Tu vois comme tout est lié ? En résumant ton pouvoir personnel, tu te prépares à instaurer les limites nécessaires. En faisant appel à ce concept de locus de contrôle interne, tu te recentres sur ton cercle d'**influence**. Enfin, cet inventaire vient boucler le tout en t'offrant une perspective claire et concrète sur les domaines où ce contrôle brille ou peut briller. Ça peut changer ta façon d'aborder chaque **décision**, chaque **relation**.

La Loi du Respect

Tu dois te **respecter** toi-même avant d'attendre que les autres le fassent. C'est un peu comme quand tu prends soin de ton jardin. Si tu ne l'arroses pas, si tu ne retires pas les mauvaises herbes, personne ne pourra profiter de son charme. Quand tu es clair sur tes **limites** et que tu les respectes toi-même, ça devient naturel pour les autres de les respecter aussi. Ça commence même par des petites choses. Par exemple, refuser quand tu te sens débordé ou épuisé. Mais surtout, être **ferme** quand ton "non" est vraiment un "non". C'est comme poser une pierre pour construire un mur solide — ça stabilise tout.

Si tu ne te respectes pas, tu envoies un message subtil aux autres que tes limites ne comptent pas vraiment. Les gens vont naturellement tester ces limites, parfois sans même vouloir te manquer de respect. C'est pour ça qu'il est crucial de bien poser tes propres **frontières** et de veiller à ce que tes choix correspondent à ce que tu considères important. En fait, plus tu seras aligné avec ce que tu crois être bon pour toi, moins il sera difficile pour les autres de respecter ça. Et quand les autres voient que tu t'occupes bien de toi, ils font plus attention à la manière dont ils te traitent. C'est assez magique en fait — ça marche presque tout le temps.

Quand on respecte nos limites et non celles des autres, il y a des tensions — c'est sûr. Et même si c'est déroutant au départ, on en vient vite à créer des espaces où tout le monde se sent plus à l'aise. Ce qui est génial avec cette approche, c'est que ça, c'est du respect **mutuel**. Si j'apprends à bien exprimer mes limites sans agressivité, j'encourage aussi les autres à faire de même. Et petit à petit, ça devient une danse où chacun sait comment bouger sans marcher sur les pieds de l'autre. Ça renforce le lien entre toi et les autres parce que tout le monde se sent plus en **sécurité**. Chacun comprend ce qui est acceptable et ce qui ne l'est pas sans avoir toujours besoin de le dire. C'est ça finalement, avoir des relations saines qui apportent de la joie.

Comment renforcer tout ça à l'intérieur de toi ? Il y a un petit exercice qui fait de l'effet : l'Affirmation de Respect. Idéal pour bâtir de la **confiance** en soi et ancrer ces limites. Quand tu commences ta journée, prends quelques minutes pour te regarder dans le miroir et te rappeler trois choses pour lesquelles tu es vraiment fier de toi. Dis quelque chose de simple mais de puissant : "Je mérite d'être respecté par moi-même et par les autres." Ce genre d'affirmation peut sembler anodin au premier abord, mais au fil du temps, ça devient comme une seconde nature. Tu portes cette conviction en toi toute la journée — tu rayonnes cette énergie, et tu verras, les autres répondront souvent de manière beaucoup plus positive.

C'est drôle comme une habitude si petite peut transformer ta façon de te tenir dans le monde. Plus tu t'encourageras à te respecter toi-même, plus il sera facile pour les autres de faire pareil. Il y aura peut-être des jours où ce n'est pas si simple, où tu auras l'impression de devoir te battre pour te faire respecter. Mais avec le temps, ça paie. Un "non" qui devient respecté, un "oui" que tu offres en toute **conscience**... c'est ça, la puissance de la loi du respect.

Exercice pratique : Appliquer les lois de frontières

Parlons d'un truc simple : **choisir** un défi auquel tu fais face concernant tes limites, ici et maintenant. Prenons ce moment pour se concentrer sur un exemple concret, histoire que ce ne soit pas juste théorique, mais bien ancré dans ta réalité. Peut-être as-tu du mal à dire non à ce collègue qui ajoute toujours un peu plus à ta charge de travail. Ou bien il y a cette habitude de repousser sans cesse les demandes de ta famille, alors que tu te sens submergé. Peu importe ce que c'est—pense à un entourage ou à une situation où fixer des limites pourrait améliorer ton bien-être.

Imagine que c'est ton Étape 1. Là, tu en es à **reconnaître** ce qui te cause des tracas en termes de limites. Ce n'est pas toujours facile, mais ça demande une bonne dose d'honnêteté envers toi-même. C'est comme un miroir ; il faut accepter ce qu'on voit pour pouvoir mieux agir.

Une fois que t'as bien ciblé ton défi, il faut se lancer dans l'Étape 2 : **analyser** comment chaque loi de frontière peut s'y appliquer. Là, ça devient intéressant. Imagine-les comme des outils dans une boîte

; chacune des lois a un rôle précis à jouer, et comprendre cela peut grandement t'aider. Peut-être qu'il s'agit de la Loi du Pouvoir, où tu dois reconnaître que le pouvoir de dire non est entre tes mains, pas dans celles de ceux qui demandent. Ou bien c'est plutôt la Loi de la Responsabilité qui dit que t'es responsable de fixer les limites, mais que t'es pas là pour résoudre tous les problèmes des autres.

D'ailleurs, quand tu examines ces lois, remets-toi dans tes réflexions pour bien voir ce qui résonne le plus avec ta situation. Genre, "Hmm, est-ce que c'est vraiment cette loi qui capture le cœur de mon défi ? C'est la plus pertinente ?" Souviens-toi... Le défi pour l'Étape 3, c'est de **repérer** justement laquelle de toutes ces lois a le plus de lien avec TON problème particulier. Attarde-toi quelques instants sur chaque loi pour voir si vraiment c'est LA bonne qui peut te faire avancer.

Une fois que t'as décidé, on passe à l'Étape 4 : **créer** un plan d'action, tout droit inspiré par la loi que t'as sélectionnée. Là, si c'est la Loi du Pouvoir, par exemple, ton plan d'action sera peut-être de limiter les "oui" automatiques, de réfléchir d'abord à ce que cet engagement va vraiment impliquer pour toi. Si tu choisis plutôt la Loi de la Responsabilité, pense à comment clarifier les limites—dire clairement, gentiment, mais fermement ce que tu te sens capable de donner, sans dépasser ces frontières pour les autres.

Après avoir ébauché ton plan, il te reste l'Étape 5. Cette phase consiste à le **mettre en œuvre**, tout en prenant aussi le temps de documenter ton expérience dans ton journal. Je trouve que c'est un truc qui ajoute du concret au processus. Quand tu t'attelles ensuite à tes actions, il te faut rester observateur—es-tu plus à l'aise ? As-tu été traité différemment ? Y a-t-il eu des réactions inattendues ? C'est là que tu vas probablement voir des progrès.

C'est utile de noter le moindre petit changement—si quelque chose fonctionne bien, souvent c'est un bon point de repère pour chacune de tes limites. Ensuite **calcule** si au bout du compte t'as réussi ou besoin d'ajuster ton approche. N'hésite pas aussi à **ajuster** ton comportement en fonction de ce que tu as observé.

Tu vois, c'est pas juste théorique, ça fait bien toute la différence !

En conclusion

Ce chapitre t'a permis de **comprendre** des principes très importants pour fixer des limites saines dans ta vie. Tu as vu que ces lois ne sont pas seulement théoriques, mais qu'elles ont une **application** directe pour améliorer tes relations et assurer ton bien-être. En prenant le temps de **réfléchir** à ces concepts, tu peux renforcer tes capacités à créer des frontières claires et respectueuses.

Dans ce chapitre, tu as découvert :

• L'importance de comprendre comment la loi de la Semence et de la Récolte t'apprend à prendre tes responsabilités.

• Que laisser les conséquences naturelles des actions se manifester est un moyen efficace de renforcer des limites saines.

• L'exercice du "Mapping des Conséquences", conçu pour clarifier les résultats potentiels de tes limites.

• Comment devenir conscient de ton pouvoir personnel t'aide à mieux affirmer tes limites.

• La façon dont le respect de soi constitue la base d'une communication respectueuse et équilibrée avec autrui.

Tout ce que tu as **appris** ici est maintenant entre tes mains. **Intègre** ces lois à ton quotidien et tu observeras des changements bénéfiques. Les frontières ne sont pas des murs, mais des ponts vers une vie plus **équilibrée** et sereine. Fais de chaque **interaction** une opportunité pour pratiquer les enseignements de ce chapitre. Tu es capable de **protéger** ton espace tout en respectant celui des autres.

Chapitre 6 : L'Art de Dire Non

Il y a toujours ce moment où tu te sens **obligé** de dire "oui". Mais est-ce vraiment ce que tu veux ? Dans ce chapitre, je te propose d'explorer ensemble l'importance du "non". Tu sais, ce simple petit mot qui peut **changer** ta vie. Je me demande souvent pourquoi c'est si **compliqué**. Toi aussi, peut-être ? En relisant le passé, j'ai réalisé à quel point ce mot aurait pu me sauver bien des tracas et du **stress**. Disons-le franchement, ça peut être **libérateur**.

Avant de plonger dans les aspects techniques, on va déconstruire ce **sentiment** de culpabilité qui surgit quand il faut refuser. Et ne t'inquiète pas, je vais même te montrer quelques astuces simples pour t'**affirmer** sans avoir l'impression d'être un connard ou un mec rude. T'es prêt à reprendre le **contrôle** ? Allez, on se lance.

Comprendre le Pouvoir du Non

Dire non, ça peut paraître un peu bateau, mais en fait, c'est un truc super **important**. Quand tu dis non, tu défends tes limites perso, tu montres que t'es prêt à protéger ce qui compte vraiment pour toi. Parce que dire oui à tout, ça finit par ébrécher tes valeurs, à force. Imagine toujours dire oui—tu finis par faire des trucs qui te mettent mal à l'aise ou qui contredisent ce que tu penses être juste. En gros, tu te laisses envahir, t'es plus maître chez toi.

C'est vrai que, parfois, c'est la peur de décevoir les autres qui te pousse à toujours dire oui. Mais, t'as compris, ça sert à rien, tu te perds en cours de route. En disant non, tu restes fidèle à toi-même. Du coup, t'arrêtes de cautionner des choses qui, clairement, ne résonnent pas avec tes **valeurs**. Disons que ton non, c'est un bouclier. Un petit mot, deux lettres seulement, mais ça a un effet de dingue sur le respect que tu te portes. Ça t'évite aussi de te retrouver coincé dans des situations pourries.

Maintenant, penser à ce bouclier, ça te change la vie. Forcément, parce qu'en étant clair dans tes refus, tu imposes aussi un respect naturel. T'es cohérent, franc, vrai. Et il faut le dire, les autres respectent souvent plus ceux qui savent où ils vont et posent des limites claires. Ose dire non, et tu verras, tu te sentiras bien mieux dans ta peau. On t'acceptera pour la personne que tu es—pas pour celui que tu joues.

Justement, dire non, c'est aussi dire que tu te **respectes** suffisamment pour ne pas tout accepter sans broncher. Ça montre que t'as confiance en des valeurs auxquelles tu tiens comme à la prunelle de tes yeux, et ça, c'est digne de respect. Par expérience, disons que c'est comme si, en disant non aux autres, tu disais oui à toi-même. Peut-être que c'est contre-intuitif au début, mais plus tu pratiques, plus ça ira.

Parlons maintenant de l'**authenticité**. Disons que si tu ne sais pas dire non, tu vas vite t'emmêler les pinceaux, pas vrai ? Tu laisses les autres tirer les ficelles de ta vie parce que t'as calé sous la pression, et bah… l'authenticité en prend un coup, c'est o-bli-gé. Dire oui tout le temps, c'est finalement dire non à soi-même. En disant non quand tu en ressens le besoin, tu montres à tout le monde que tu t'affirmes pleinement. Tu n'as pas besoin de jouer un rôle ou d'agir comme les autres attendent que tu le fasses.

Ok, passons à la "Pratique du Non". Alors, l'idée, c'est de dire non sans détour ni maladresse. On va pas se mentir, c'est pas simple, mais c'est largement faisable. Pour t'entraîner, voilà une petite astuce : tous les jours, pense à des situations banales où tu pourrais dire "non". T'as déjà simulé en pensant demander "de l'eau encore" au resto ? Opte plutôt pour "Pas cette fois, merci !". Et là, dis-le sans te justifier, sans t'éparpiller dans des explications à rallonge. Juste. Say It and Own it. Tu développes ainsi petit à petit cette **habitude** comme Marco Polo naviguait ses mers.

Ensuite ? Que se passe-t-il après chaque "non" ? Tu te sentiras un peu plus en paix avec toi-même, plus vrai que nature. Tu te rendras compte que t'es pas en train de contrarier toute la planète pour autant. Non, normalement, on devrait te respecter plus, puisque t'es enfin authentique.

Écoute, ça te prend juste un peu (ou un peu plus) de pratique quotidienne, mais ça deviendra naturel. Dire non, c'est pas une fin, mais… plutôt une manière de libérer ton "oui" pour des choses qui comptent vraiment pour toi. Une fois que tu maîtrises l'art de dire non, t'auras, comme ça, plus de **liberté** à dire oui à qui tu es vraiment.

Surmonter la culpabilité lorsqu'on dit non

Dire non, c'est souvent plus **compliqué** qu'un simple mot. Tu as cette petite voix dans ta tête qui commence à chuchoter des "Et si…" ou "Tu aurais pu...". Ces murmures, c'est la culpabilité qui pousse son grand nez là où elle n'est pas invitée. Beaucoup d'entre nous ressentent une forme de culpabilité chaque fois qu'ils refusent une demande. D'où vient donc cette sensation désagréable ? Tu te sens coupable car tu ne veux décevoir personne. Tu as peur d'être perçu comme égoïste ou insensible. C'est comme si ton refus allait écorner l'image de la « bonne personne » que tu veux projeter. Et puis, soyons honnêtes, il y a cette crainte de ne plus être aimé, ou d'être exclu la prochaine fois. Ce mélange de **sentiments** pourrait être comparé à une vieille habitude dont tu peines à te défaire.

Malheureusement, elle prend souvent racine dans l'envie de plaire à tout le monde – même s'il faut t'oublier un peu toi-même pour ça.

Il fallait bien que ça vienne à un moment donné, ce besoin de distinguer entre la culpabilité saine... et celle qui te ronge inutilement. C'est comme la différence entre une veilleuse qui éclaire doucement et une alarme incendie qui crie dans tes oreilles. Dans certains cas, un peu de culpabilité peut t'aider à réfléchir sur tes **comportements** – à y penser à deux fois pour être sûr d'agir avec respect et empathie envers les autres. C'est la culpabilité saine. Mais cette sensation ne doit pas te consumer, juste te rappeler d'être attentif. Par contre, quand tu te retrouves à dire non et que ton esprit te martèle avec des doutes sans cesse, tu commences à entrer sur le territoire de la culpabilité malsaine. Là, c'est une toute autre histoire. Elle n'a rien à voir avec tes valeurs profondes, mais plutôt avec une exagération des **conséquences**. Ton cerveau en fait tout un film, à base de remords et de "C'est de ma faute". Et résultat... tu te sens minable pour avoir eu tout simplement l'audace de dire non. Ça n'apporte rien de constructif, juste un sentiment d'étouffement.

Maintenant que c'est clair comme de l'eau de roche, il est temps de passer au concret – comment dire ce fameux non sans trimballer cette culpabilité malsaine derrière toi. Imagine un scénario où un collègue te demande de l'aider avec un projet, à la dernière minute. Bien sûr, tu es déjà débordé, mais l'ancien toi, celui qui se sentait toujours coupable aurait dit oui sans réfléchir. Mais là, ok... tu te rappelles qu'il y a une façon simple pour dire non de manière **assertive** (et sans mauvaise conscience après). Ça donnerait quelque chose comme ça : « Écoute, j'aimerais bien t'aider, mais aujourd'hui, c'est vraiment **compliqué** pour moi. Peut-être une prochaine fois ? » C'est la formule magique, somme toute simple : être clair, rester poli, et surtout... ne pas plonger dans des explications ou des **justifications** interminables. Fini de balancer entre la culpabilité et l'envie de plaire. Là, tu as ton non, léger comme une plume... mais fort comme un roc. Tu n'as plus rien à te reprocher. Et demain ? Pas de petit diable de la culpabilité qui viendra jouer avec tes nerfs. Tu auras pris une **décision**, parfaitement alignée avec tes besoins et tes limites.

Techniques pour dire non avec assurance

Il y a des moments où dire « non » peut créer une grande différence dans ta vie. Mais parfois, ce ne sont pas juste les mots qui comptent. Le message entier est dans la façon dont tu le dis. Tu vois ? La **posture** du corps, le **regard**, la manière dont tu parles, ça raconte une toute autre histoire. C'est comme ça que les gens comprennent si tu es sérieux ou si tu plaisantes. Une petite astuce pour renforcer ton non ? Tiens-toi droit. Pose-toi bien fermement sur tes deux pieds, regarde la personne dans les yeux – mais sans être arrogant – et parle clairement. Ça montre que tu es sûr de toi, et ton interlocuteur le sentira. Tu n'as même pas besoin de crier. Une voix posée, juste un petit peu plus forte que d'habitude, mais sans **agressivité**, c'est tout ce qu'il faut. À toi de jouer avec ton énergie pour transmettre tes émotions... Ceux qui sentent cette force auront du mal à te contredire.

Maintenant, une fois que ce non est prêt à sortir, il faut savoir comment le dire très clairement. Souvent, on se sent gêné de refuser quelque chose. On tourne autour du pot, on allonge les phrases avec des compliments, peut-être pour ne pas blesser l'autre. Mais tu sais quoi ? Plus tu es précis et bref, plus ça passe mieux ! Dire, par exemple, « je suis désolé, je ne peux vraiment pas le faire » ou plus simple encore « non, désolé, je ne suis pas **disponible** » c'est déjà suffisant. Pas besoin d'ajouter des explications interminables. C'est ça, en fait, la force du message ! Un refus clair et direct, sans fioritures, a beaucoup plus d'**impact** qu'une série de « je ne crois pas pouvoir... mais je ne suis pas sûr... on en reparlera... » En étant direct avec gentillesse, tu évites aussi de donner de faux espoirs ou de laisser des zones d'ombre.

Et si, malgré tout, ton interlocuteur persiste et essaie de te faire changer d'avis ? Eh bien, c'est là que la technique du "Disque Rayé" entre en jeu. C'est simple, mais redoutable, crois-moi. Tout ce que tu as à faire, c'est de maintenir ton "non" sans changer de détails, peu importe les tentatives de l'autre. « Non, vraiment, ça ne m'est pas possible. » « Désolé, mais non, je ne peux toujours pas. » Tu ériges littéralement une **barrière** contre les rebondissements en répétant la même phrase. Ça peut paraître un peu mécanique – d'où le nom de "Disque Rayé" – mais l'essence, c'est rester ferme. En restant sur la même ligne, tu évites de donner des détails où l'autre pourrait s'engouffrer pour essayer encore.

Pour finir, tu vois que physiquement, verbalement et même mentalement, le secret pour dire 'non' sans vaguer, c'est de rester droit dans tes **chaussures**. Tout ce qui entoure ta réponse compte, du moment où tu t'**affirmes** doucement mais avec fermeté, en évitant la tentation de te justifier sans cesse. C'est simple au fond... mais faut pratiquer !

Gérer la résistance lorsque tu dis non

Quand tu dis non, il y a toujours quelqu'un pour essayer de **contourner** ta réponse. Un non peut paraître simple, mais pour certaines personnes, ça veut seulement dire "négociation ouverte". Pourquoi ? Parce qu'elles veulent que tu changes d'avis. Peut-être même qu'elles savent, en appuyant sur les bons boutons, que tu vas flancher. Les enfants qui insistent pour avoir un dessert, les collègues qui poussent pour que tu prennes encore un projet, ou même l'ami qui demande un service après l'autre... Le schéma est toujours le même.

Il y a notamment des techniques qu'elles utilisent pour surmonter un non. L'une des plus courantes, c'est la **culpabilisation**. Elles essaient de te mettre mal à l'aise, en sous-entendant que tu leur dois quelque chose. Souvent de manière subtile – comme un petit commentaire du genre "Ah, je pensais que tu étais quelqu'un de fiable". Autre technique, le **marchandage** : "Ok, si tu fais ça pour moi, je te le revaudrai, promis...". Et tu te retrouves à redouter la prochaine fois qu'ils demanderont un service. Sans oublier la persuasion directe, où elles multiplient les arguments pour démontrer combien c'est important. Difficile de s'en sortir avec encore un refus... ou presque.

Mais on est d'accord, la vraie tentation, c'est de répondre à ces tactiques en "**JADE**". JADE ? Oui, c'est Justifier, Argumenter, Défendre, Expliquer. C'est naturel de vouloir expliquer pourquoi tu refuses : tu as des raisons légitimes, et c'est normal de vouloir qu'on les comprenne. Mais te laisser embarquer sur ce terrain, c'est risquer d'ouvrir la porte à des discussions interminables... et potentiellement à un "oui" sous pression.

Expliquons JADE un peu plus. Quand tu essaies de justifier ton refus, tu lui prêtes une justification – et c'est précisément là que l'interlocuteur peut attaquer. Tu expliques que tu n'es pas dispo ce week-end ? Quelqu'un pourra suggérer de changer le timing. Tu défends l'idée que tu as déjà pris beaucoup de tâches ? On pourrait prétendre que ce sera vite fait, juste cette fois-ci. Raisonner ainsi leur fournit simplement plus de matériel pour essayer de te faire changer d'avis. C'est pour ça qu'en général, mieux vaut éviter de faire du JADE quand tu tiens à rester ferme. Un "non", ferme et sans froissement de l'âme, clôt beaucoup plus rapidement le sujet.

Le hic, c'est que parfois, anticiper la déception ou la résistance de la personne, ça t'arrange. Tu veux ta paix ! C'est là que la stratégie "**Prévention** de la résistance" entre en jeu. Le but ici est d'anticiper et d'encadrer dès le départ. Tu dis non, mais tu le fais de manière rassurante en délimitant le non, genre : "Je ne peux pas aujourd'hui, mais on peut voir pour un autre jour" ou "Non, mais j'ai peut-être quelqu'un à te recommander".

En utilisant cette technique, tu montres que le non n'est pas fermé au dialogue dans des conditions spécifiques, mais ce n'est pas un JADE. Au contraire, ça permet d'éviter des retours lourds tout en posant des limites floues à la fois intègres et respectueuses. Tu encadres l'autre, limites les points de résistance et, finalement, protèges tes frontières sans tout le stress des confrontations. Du coup, pas besoin de tomber dans la justification, ni de devenir le pont de bonnes volontés mal placées.

Tout ça s'articule en un seul mouvement fluide où des comportements moins évidents peuvent de façon massive changer ta capacité à dire non avec **efficacité** – et le calme du sage. Contrer les tactiques des autres, éviter JADE, et prévenir la résistance... trois **armes** pour ne pas te faire piéger, et enfin respirer un "non" en paix.

Exercice pratique : S'entraîner à dire "Non"

On connaît tous ces moments où dire "non" devient un véritable **défi**. Cette gêne, ce malaise, c'est quelque chose que tu as sûrement déjà ressenti. Pour t'améliorer et te sentir plus à l'aise, pas seulement dans ta tête, mais aussi dans ta voix et ton corps, une solution simple : la **pratique**. Et ici, on va justement voir comment t'exercer pour réussir à dire "non" sans gêne. On démarre ?

D'abord, prends le temps de lister. Réfléchis aux situations où tu galères vraiment à dire "non". Tu pourrais par exemple avoir du mal à refuser un collègue qui te demande d'aider sur un projet même si tu as déjà ton propre boulot en retard ; ou bien peut-être qu'un pote te sollicite sans arrêt pour programmer toutes les sorties, et même si t'es crevé, tu te sens obligé d'accepter. Fais-toi une petite liste de cinq situations comme ça, où tu sens que dire "non", c'est dur. Bon moment de vérité, hein ?

Après, on passe à l'étape suivante. Tu as tes cinq situations en tête ? Super. Maintenant, on prépare des **réponses**. C'est là que ça devient intéressant. Pour chaque moment difficile que tu as listé, écris une réponse, mais attention, une réponse claire et concise. Ça peut être un simple : "Merci mais je ne peux pas aider sur ce projet supplémentaire," ou "Non, je préfère rester chez moi ce soir." Pas besoin de te justifier comme ça fait souvent envie de faire, juste un "non" dit poliment mais clairement. C'est tout ce qu'il te faut.

Quand tu as écrit tes réponses, t'es prêt pour la suite. Et là, il te faut parler. Oui, à voix haute. On entraîne la parole et le corps. Tous les jours, dis tes "non" devant un **miroir**, à haute voix, en te concentrant sur le ton. Pas seulement sur ce que tu dis, mais comment tu le dis. Ton **langage corporel** doit correspondre à ce que tu exprimes. Pas besoin de cris, tu restes ferme mais calme. Faut être en accord corps et voix, un peu à la Bruce Lee en mode zen, tu vois ?

Puis, quand tu as bien bossé ton "non" tout seul, il est temps de tester ça pour de vrai. Voilà l'étape suivante : vas-y, fais un **jeu de rôle** ! Trouve un pote prêt à t'aider et simulez ces situations concrètes que tu as choisies. Marrant, non ? À tour de rôle, l'un sera la personne qui fait une demande difficile, l'autre, celle qui dit "non". Entraîne-toi aussi à gérer les objections, parce que soyons réalistes, ils insistent parfois...

Enfin, dernière étape. Une petite **réflexion** pour finir. Une fois que tu as simulé ces moments, prends un moment pour réfléchir. Est-ce que certains "non" étaient plus difficiles à dire que d'autres ? Y a-t-il des réponses que tu as trouvées moins convaincantes une fois dites à haute voix ou dans une situation réelle ? Si c'est le cas, ajuste tes phrases. C'est un processus, pas quelque chose à maîtriser du jour au lendemain.

Tu auras encore sûrement des moments gênants parce qu'on est humains, mais avec tout ça, affirmer ton "non" va devenir plus naturel, et surtout moins intimidant. Commence petit à petit et tu verras une vraie différence dans la **charge** que tu portes. Tu peux le faire, et ça commence maintenant.

En conclusion

À travers ce chapitre, tu as appris des leçons **essentielles** pour renforcer ta vie en disant simplement « non ». Ça peut sembler facile en théorie, mais ça demande du **courage** et une clarté d'esprit. Réduire la culpabilité et affronter les **résistances** extérieures fait partie du processus, un processus qui te conduira vers une vie plus **authentique** et respectueuse de tes propres besoins.

Dans ce chapitre, tu as découvert pourquoi dire « non » aide à établir des limites personnelles claires. Tu as compris l'importance de **protéger** tes valeurs grâce au « non ». Tu as aussi appris comment la pratique du « non » renforce la **confiance** en soi. On a abordé la différence entre la culpabilité saine et la culpabilité malsaine, et tu as découvert des techniques simples pour affirmer un « non » avec **conviction** et gentillesse.

Chaque « non » que tu prononces t'aide à rester fidèle à toi-même. En appliquant ce que tu as appris dans ce chapitre, tu peux commencer à façonner une vie où tes besoins et **limites** sont respectés par toi et par les autres. Essaie dès aujourd'hui et tu verras l'impact positif que ça peut avoir sur ton bien-être quotidien. Il est temps de valoriser tes choix, mec !

Chapitre 7 : Établir des limites claires

T'es-tu déjà senti **incompris** ou non respecté dans tes limites personnelles ? Moi, ça m'est arrivé plus d'une fois. Dans ce chapitre, on va explorer comment **affirmer** ces frontières essentielles qu'on laisse parfois floues. Comment s'y prendre, tu te demandes ? Eh bien, c'est tout un **art**. Je vais te guider pour **définir**, puis **communiquer** tes limites - ce qui demande un certain effort - avec ton entourage. Mais ce n'est pas tout, on va aussi discuter de la manière de les faire **respecter**, même face à ceux qui s'obstinent à les tester. Ensemble, on va plonger dans un exercice pratique pour créer une **déclaration** personnelle de tes limites. En lisant ces lignes, tu verras comment ce simple acte de clarté peut changer énormément. Prépare-toi à ressentir une différence dans la façon dont les autres - et toi-même - perçoivent et respectent ton **espace** personnel. Ça commence ici.

Définir Tes Limites Personnelles

Pour comprendre tes **limites** personnelles, il faut d'abord prendre du temps pour la **réflexion**. Pas facile de fixer des frontières si tu ne sais pas où elles commencent, hein ? C'est comme essayer de dessiner une carte sans connaître le terrain. La réflexion te permet d'explorer tes **ressentis**, tes besoins, ce qui te met mal à l'aise ou au contraire, ce qui te rend épanoui. T'es-tu déjà demandé pourquoi certaines situations ou personnes te stressent plus que d'autres ? En y réfléchissant, tu pourras mieux te connaître et, petit à petit, définir où et quand le besoin d'une limite se fait sentir.

Ta réflexion doit compter pour toi, peu importe si elle paraît simple ou pas. En creusant, en te posant les bonnes questions – par exemple, "Quand suis-je particulièrement fatigué ?" ou "Avec qui je me sens à l'aise ?" – tu touches aux racines de tes limites. C'est essentiel pour savoir où poser ces fameuses barrières, celles qui protègent ton bien-être. Tu verras que tout devient plus naturel après avoir cerné qui tu es vraiment.

Mais, qu'est-ce qui influence tes **décisions** ? Simple, ce sont tes **valeurs** et priorités personnelles. Si tu valorises l'autonomie, tu imposeras sûrement une limite autour de ta liberté individuelle. Si la loyauté est une de tes priorités, tu protégeras ce domaine-là – pour ne pas sentir que quelqu'un trahit un aspect aussi sacré. Tes valeurs et tes priorités te guident au quotidien, que tu en sois conscient ou pas. C'est pas un sujet qu'on aborde au café tous les jours, et pourtant, ça façonne pratiquement toutes tes décisions.

Tiens par exemple, disons que tes relations reposent sur la confiance mutuelle. Alors, si une personne trahit cette confiance, ça devient impératif pour toi d'élever un mur – de dire « non, plus jamais ça ». Et ce n'est pas tout : tu peux également établir des limites selon le type de relation que tu entretiens avec elle – famille, ami, collègue... Tout ça t'aide à clarifier ce qui t'est important et à former des limites plus claires, adaptées à chaque sphère de ta vie.

Pour concrétiser tout ça, il existe un exercice simple : la "Ligne de Limite". C'est une technique visuelle pour définir où se trouvent vraiment tes frontières personnelles. Tout d'abord, prends un moment pour t'asseoir avec toi-même. Oui, tu as bien lu : une petite séance solo. Puis, prends une feuille et trace une ligne horizontale. D'un côté, note les situations ou comportements inacceptables pour toi – ceux qui déclenchent direct une réponse tranchée. À l'autre extrémité, inscris ce qui est tout à fait OK : les comportements que tu accepterais dans n'importe quelles circonstances. Entre les deux, place des scénarios moins sûrs, des situations "gris clair" jusqu'à "gris foncé". Cela te donnera une vision complète de ta zone de confort et, plus encore, de ta zone des "Confiant. Mais pas trop."

Cet exercice te permet non seulement de visualiser tes limites mais aussi de comprendre ce qui les influence. Ça peut t'aider à mieux réagir la prochaine fois qu'il faudra dire "oui" ou "non" en toute sécurité – en appuyant ces décisions sur ta clarté intérieure que tu as dessinée. Bref, tracer cette ligne, c'est littéralement mettre en ordre ce **fouillis** émotionnel qui brouille nos perceptions et limite nos protections !

Passer de la réflexion à l'expression de tes valeurs, puis à une visualisation concrète, c'est tout ce processus qui te mène à une compréhension plus claire et concrète de ce que sont tes vraies limites. Une carte efficace de toi-même, carte qui t'aidera au quotidien à t'**affirmer** avec plus de confiance, tout en te respectant et en respectant les autres.

Communiquer efficacement tes limites

Parfois, il est **difficile** d'imposer des limites claires avec les autres. Ce qui compte vraiment, c'est de parler avec **assurance**. Tu as peur de blesser l'autre ? Tu es fatigué d'expliquer une nouvelle fois ? C'est dur, je sais. Mais parler de tes limites sans hésitation facilite la vie pour tout le monde.

Trois choses peuvent vraiment t'aider à communiquer clairement. D'abord, sois clair et précis dans ce que tu dis. Pas la peine de tourner autour du pot. En disant exactement ce que tu ressens et ce dont tu as besoin, tu évites toute confusion. Par exemple, dire "Quand tu arrives en retard à nos rendez-vous, ça me dérange beaucoup" est net et direct. L'autre comprend facilement la situation.

Pourquoi c'est important ? Parce que si tu tentes de camoufler le message avec trop de mots ou d'excuses inutiles, le message risque de se perdre. Et quand le message se perd, les limites aussi. Une

communication claire donne aussi l'assurance que tu sois pris au sérieux. Sinon, c'est un peu comme si tu mettais de l'eau dans ton vin, on ne comprendra pas exactement ce que tu veux.

Ce qu'il faut pour réussir, c'est de bien formuler ce message avec **confiance**. Persuade-toi que ce que tu dis est légitime et mérite d'être entendu, même si quelqu'un pourrait ne pas être complètement d'accord avec toi. En l'exprimant clairement, les choses iront probablement mieux par la suite.

Tu vois, c'est essentiel d'utiliser des phrases en "je" lorsque tu exprimes tes limites. Cela évite d'attaquer l'autre personne tout en te concentrant sur ta propre expérience. Prenons les phrases : "Je sens que..." ou "J'ai besoin de...". Petite différence, grand résultat. Cela évite de pointer du doigt, ce qui pourrait provoquer des réactions défensives.

Pense-y comme ça : en disant "Je me sens stressé quand tu hausses le ton," tu parles de ton propre sentiment au lieu de dire "Tu es toujours en colère !". On pourrait croire que c'est du pareil au même mais en vérité, c'est très différent. La première assume tes sentiments, la deuxième accuse l'autre, ce qui peut envenimer la situation.

En l'utilisant, tu expliques comment une situation t'affecte sans externaliser une partie de la faute sur l'autre. Ça change la conversation entièrement. Et il devient plus facile d'avoir une discussion sur comment chacun peut faire pour respecter les limites de l'autre. Du coup, on se sent moins sur la défensive de part et d'autre.

Une autre façon de marquer tes limites avec confiance, c'est d'utiliser un "**Script** de Limite". Juste un petit guide pour articuler tes limites clairement chaque fois que c'est nécessaire. Pas besoin de suivre un grand manuel, juste quelques mots bien choisis. Par exemple :

• Nomme le comportement qui te perturbe. "J'ai remarqué que..."

- Explique comment ce comportement t'a fait ressentir ou comment il perturbe tes limites. "...je me sens..."

- Indique clairement ce que tu souhaites à la place. "J'aimerais que prochainement..."

C'est comme une recette, simple et facile à suivre dans des moments tendus. En l'ayant en tête, tu gagneras en assurance chaque fois que tu auras à fixer ces limites. Les "Je" y trouvent naturellement leur place et servent à réduire tout **conflit**. Demain quand tu seras confronté à ce genre de situation, tu sauras quoi dire sans te perdre dans tes pensées.

Alors, pense à ces trois points la prochaine fois que tu devras exprimer une limite : la **clarté**, l'usage des "je" et un petit script pour rester centré.

Faire respecter vos limites de manière cohérente

La clé pour faire respecter les limites que tu mets en place est la **constance**. Si tu flanches constamment – c'est comme avoir une barrière ouverte une minute et fermée la suivante – les autres seront embrouillés, et ils testeront les failles. Certes, **établir** des limites, c'est une chose; mais si tu n'es pas cohérent pour les faire respecter, ça va perdre toute son efficacité. Il y a une sorte de **respect** qui se forme lorsque tu affiches clairement tes attentes, et surtout, quand tu t'y tiens. Les autres finiront par voir que tu es sérieux quand tu dis « non » et que ça ne se passera pas autrement.

Quand tu renonces à tes propres règles trop souvent ou que tu introduis des exceptions ici et là, ça envoie un message : tes limites ne sont pas vraiment fermes. Cela peut même **encourager** les autres à davantage les repousser. En étant constant, tu affirmes non seulement ta propre valeur, mais tu montres aussi aux autres que ce que tu ressens – ce que tu veux ou ne veux pas – mérite toujours d'être respecté. Les autres comprendront que ce n'est pas un simple jeu de devinettes et, très vite, ils s'aligneront sur ces limites que tu as mises en place.

Maintenant, quand on parle de constance, il faut aussi garder à l'esprit ce qu'on appelle « l'**intégrité** des limites ». En gros, ça veut dire garder ses propres mots et ses actions en cohérence. Dès qu'il y a un décalage entre ce que tu dis et ce que tu fais, paf, l'intégrité des limites est touchée.

L'intégrité des limites, c'est crucial, tout simplement parce qu'elle reflète la sincérité et la **confiance**. Si ta limite est de ne pas participer à une réunion le week-end, mais que pour X raison tu dis "oui" un jour, cela sapera tout le boulot que tu as fait pour fixer cette limite initiale. Garde ton intégrité de limites intacte en disant uniquement ce que tu veux vraiment respecter. Il vaut mieux annoncer une limite plus souple mais que tu respectes toujours, plutôt qu'une stricte que tu violeras parfois. C'est tellement mieux d'être honnête sur ce que tu peux – ou ne peux pas – faire. Pas besoin de mentir ou de se faire violence pour plaire aux autres.

Alors, à ce stade, tu te demandes peut-être comment t'assurer que toutes ces idées fonctionnent vraiment, non? C'est là qu'un « Plan de **Renforcement** des Limites » entre en jeu. C'est un petit guide que tu te crées, rien de bien compliqué. L'idée c'est d'avoir un rappel régulier pour toi-même sur pourquoi tes limites sont importantes, ce que tu es prêt à faire si quelqu'un les franchit, et comment rester constant. Par exemple:

• Écris tes limites principales quelque part et pourquoi elles comptent pour toi.

• Pense à des scénarios où tes limites pourraient être testées, et prépare-toi avec des réponses claires.

- Garde le cap. Même si quelqu'un te supplie ou propose une solution toute mignonne… Si ta limite est franchie, réagis toujours de la même manière.

Consulte ce plan régulièrement pour t'aider à rester sur le droit chemin. Finalement, ce n'est pas réservé seulement aux autres, c'est aussi un rappel pour toi – comme une petite tape sur l'épaule – pour rester loyal envers ce que tu as décidé. Ce sera ta manière de veiller à ce que ton **intégrité** reste ferme et solide.

Gérer les personnes qui testent les limites

C'est évident que certaines personnes aiment jouer avec les **règles**. Tu en connais sûrement des comme ça. Toujours à repousser tes **limites**, à tester jusqu'où ils peuvent aller. Souvent, ils n'arrivent même pas en pensant qu'ils vont franchir tes frontières – ils prennent ça comme un jeu. L'une des tactiques courantes qu'ils utilisent ? Te faire douter de ta propre **décision**. Ils te bombardent de questions, te mettent la pression pour justifier ton « non ». Et si t'es pas préparé, voilà, la confusion s'installe et eux, ils en profitent.

Il arrive également qu'ils utilisent la stratégie du classique "on se connaît bien pourtant", comme si votre relation leur donnait un passe-droit pour tout ce qu'ils veulent. Ça, c'est souvent enveloppé dans une phrase bien gentille du style, « Allez, c'est pas bien grave, juste cette fois, pour moi ? ». Ou encore l'attaque directe, par exemple, remettre en question ton intégrité juste pour te faire plier. « T'es vraiment sérieux ? C'est n'importe quoi ! »

Face à une telle **attitude**, perdre son calme, c'est un luxe que tu ne peux pas te permettre. Rester **calme** et ferme, voilà ta meilleure défense. Facile à dire, hein ? Quand quelqu'un te pousse à bout, force est de constater que ça fait vaciller ta détermination. Mais c'est là, exactement là, que tu montres que t'es en **contrôle**. Une réaction explosive ou une attente mielleuse, c'est exactement le jeu auquel ils veulent t'amener. Garde un visage impassible. Réponds lentement – c'est encore plus déconcertant pour l'autre. Là, t'es celui qui maîtrise la situation.

Et si on sait que rester calme est primordial, comment maintiens-tu ensuite l'intégrité de tes limites sous pression ? Ça semble cruel de se répéter sans fin, mais c'est là qu'entre en scène une petite astuce qui marche... la technique du "Disque Rayé". Ça pourrait paraître bête et simpliste. Mais genre, qu'est-ce qui t'empêche de l'utiliser, hein ? La tactique, c'est de répéter exactement la même **information** inlassablement. Et imagine : « Non, tu devras t'en tenir à ce que j'ai dit. » Tu répètes ensuite la même chose pour chaque réaction qu'il ou elle aura : « Non, tu devras t'en tenir à ce que j'ai dit. » Encore et encore, comme une vieille chanson coincée sur son refrain. Tu survivras à l'usure, et quel que soit le testeur, il te verra incapable de lâcher prise. Forçant le respect de l'autre.

Une autre chose ? La technique du disque rayé n'existe que grâce aux deux concepts : rester calme et comprendre les différentes tactiques de test des limites. C'est aller plus loin sans aller nulle part. Les testeurs de limites peuvent revenir et balayer tes avancées progressives comme une machine déséquilibrée – mais t'auras atteint un sommet déterminé par toi, par ton propre **contrôle**.

Exercice pratique : Créer ta déclaration de limites

C'est l'heure de passer à l'action. Ce que tu vas faire ici, c'est plus que simplement fixer une limite ; c'est poser un **cadre**, un territoire où tout le monde saura ce qui est acceptable et ce qui ne l'est pas dans ta vie. C'est l'idée générale ici, et crois-moi, tu vas te sentir bien une fois que tu l'auras fait.

D'abord, il faut choisir une limite que tu veux établir. Ça peut sembler évident, mais prends un moment pour y **réfléchir**. Quelle est LA chose qui te dérange le plus en ce moment ? Peut-être que c'est le fait que tes collègues t'appellent même le week-end pour du boulot, ou que tu te retrouves toujours à gérer les sorties de groupe sans jamais être remercié. En gros, identifie clairement le problème ou comportement qui tire sur la corde. La clé, c'est de cerner une seule limite, celle qui, pour l'instant, mérite toute ton attention. Oui, juste une. C'est un point de départ, un premier pas vers d'autres limites à poser plus tard. Pas besoin de tout faire d'un coup.

Une fois que tu as identifié cette limite, pourquoi est-elle importante pour toi ? C'est super **crucial** parce que dire "non" ne fonctionne pas si toi-même tu ne sais pas exactement pourquoi tu le fais. Alors, note quelques raisons. Ça peut être aussi simple que "Je veux plus de temps pour moi" ou "J'ai besoin de ne pas toujours être celui qui règle les problèmes des autres". En avoir conscience rendra ta démarche beaucoup plus authentique et solide. Ça te rendra aussi plus déterminé si jamais quelqu'un essaye de faire pression pour que tu recules. Donc, réfléchis bien. Mets en avant ce que tu ressens, ce que tu souhaites. Prends le temps d'écrire tout ça, sans te censurer. Laisse sortir tout ce que tu as sur le cœur—ça clarifie l'esprit, vraiment.

Maintenant que tu sais ce que tu veux et pourquoi c'est important, il est temps de rédiger ta déclaration de limites. Pas besoin de trucs compliqués. On fait simple. Ta phrase doit être courte et claire, genre, quelqu'un la lit et il **comprend** tout de suite ce que tu es en train de poser comme limite. Par exemple : "Je ne suis plus disponible pour le travail le week-end." TERMINE PAR UN POINT. Juste ça. C'est tout. Garde-le simple et direct. Pas de phrases qui s'étirent ou d'excuses... c'est ta règle du jeu, alors assume-la.

Après, la **pratique**. Ça peut sembler un peu bizarre, mais je t'assure que s'entraîner à dire ça à haute voix est super efficace. Pourquoi ? Parce que quand on parle à quelqu'un, peut-être qu'on tremble un peu, on bégaie, ou pire, on finit par accepter ce qu'on avait dit "non". En te répétant ta phrase devant un miroir—même si tu te trouves un peu fou sur le moment—tu ancres cette limite dans ta tête et ça te rend plus sûr de toi. Concentre-toi sur le ton et ton langage corporel. Droit, prise de parole nette.

Enfin, prépare-toi. C'est bien beau de dire une limite mais les gens ne vont peut-être pas l'accepter tout de suite. Alors, prépare des réponses aux objections qu'ils pourraient te faire. Sors tes meilleures **répliques**. Fais des jeux de rôle avec un pote, un membre de ta famille… ça te permet aussi de tester ton calme. Si quelqu'un essaye de casser la limite, tu sauras comment répondre et surtout, comment ne pas plier. Après tout, cette situation, c'est toi qui la **maîtrises**.

Puis voilà, c'est lancé. Avec ça, tu es prêt à faire respecter cette nouvelle limite que tu viens d'établir.

En Conclusion

Ce chapitre t'a permis de clarifier l'**importance** d'établir des limites personnelles fermes et respectueuses pour protéger ton bien-être émotionnel et mental. En te concentrant sur des techniques spécifiques, il est devenu plus facile de **construire** des frontières solides, de les **communiquer** efficacement et d'insister pour qu'elles soient respectées.

Tu as vu l'utilité de l'**introspection** pour déterminer tes propres limites. Le rôle fondamental des **valeurs** personnelles dans ce processus a été mis en évidence. Tu as appris que définir des frontières aide à te protéger et à renforcer tes **relations**. De plus, tu as découvert comment utiliser les phrases en « je » pour clarifier tes besoins. Enfin, tu as compris pourquoi la **constance** est essentielle pour garder tes limites respectées.

Utilise ce que ce chapitre t'a appris pour façonner les relations autour de toi avec équilibre et respect mutuel. Le **pouvoir** est entre tes mains, et il commence par fixer des limites claires et les maintenir avec assurance. Bonne continuation, mec !

Chapitre 8 : Construire le respect mutuel

Tu connais cette sensation quand tu réussis à créer une vraie **connexion** avec quelqu'un ? C'est incroyable, non ? Dans ce chapitre, j'ai décidé d'explorer ce lien spécial qu'on appelle le respect mutuel. Tu verras, ce n'est pas simplement être poli ou sympa. Au fond, on parle de poser des **limites**, les tiennes... et aussi celles des autres. Toi et moi, on sait tous les deux à quel point c'est compliqué de trouver un **équilibre** quand il s'agit de défendre son territoire sans froisser l'autre, ou pire... se laisser marcher sur les pieds.

Ce chapitre t'offrira une nouvelle **perspective** sur chaque aspect de ce respect, autant pour toi-même que pour ceux qui t'entourent. Je te promets que tu sortiras de chaque partie avec l'envie de mettre ces **idées** en pratique. Et crois-moi, ça vaut vraiment le coup...

Tu découvriras comment établir des **relations** plus saines et plus fortes, basées sur la **compréhension** mutuelle et le **respect** authentique. On explorera ensemble des techniques pour communiquer tes besoins de manière claire et bienveillante, tout en restant à l'écoute des autres. C'est un véritable art de vivre que tu vas apprendre à maîtriser, mon pote !

Le lien entre les limites et le respect

Poser des **limites**, ce n'est pas entrer dans un champ miné. C'est plutôt comme placer des panneaux de signalisation sur la route ; tu indiques aux autres où tu en es, ce que tu veux, et ce qui est acceptable ou pas pour toi. En donnant ces indications claires, tu incites les autres à les respecter. Et lui, le **respect** ? Eh bien, il prospère quand tu sais poser des limites de manière cohérente et bienveillante.

Tu remarqueras que plus tu établis des limites claires avec les autres, plus ils commencent à comprendre ton besoin d'espace personnel et d'**autonomie**. Au lieu de trouver ça agaçant ou difficile, ils savent à quoi s'attendre. Et, même si parfois ça peut sembler un peu dur, tu es en fait en train de leur montrer ce qui est important pour toi. Du coup, ça pousse les autres à te respecter sans même qu'ils s'en rendent compte ! Un peu comme un terrain de jeu où chaque joueur connaît les règles – ça permet à tout le monde de se sentir en sécurité.

Bon, on est d'accord que ce n'est parfois pas simple de poser des limites, surtout quand tu n'as pas l'habitude ou que tu as peur de heurter quelqu'un. Mais arrêter la soumission aux désirs des autres, ce n'est pas du tout égoïste. Parce que chaque fois que tu respectes tes propres frontières, tu apprends aux autres à les suivre aussi. C'est en étant clair sur ce que tu n'acceptes pas que tu ouvres la porte à un respect mutuel qui rend votre relation plus saine et équilibrée. Tu as compris le truc ?

Passons maintenant à une idée clé liée à ça : le respect de soi. Parce que comment veux-tu respecter les limites des autres si tu n'arrives même pas à garder les tiennes en place ? Le respect, franchement, ça commence par toi. C'est un peu comme si tu mettais un masque à oxygène dans un avion avant d'aider ton voisin. D'abord, il faut t'occuper de toi.

Tu sais, la manière dont tu fixeras tes propres limites reflète vraiment combien tu te respectes. Si tu es constamment en train de plier ou de tolérer des choses qui te dépassent, ben, c'est un peu un signal pour les autres qu'ils peuvent tout se permettre. Respecter tes **engagements** envers toi-même montre que tu n'as pas peur de défendre tes besoins et tes valeurs fondamentales. Et en faisant ça, tu crées une sorte de pacte non dit avec ceux qui sont autour de toi – un "code d'honneur" où les vraies limites ne sont pas seulement posées, mais respectées aussi.

Donc, vois tes limites personnelles comme une **barrière** de protection, qui délimite ce que tu veux bien laisser ou non s'immiscer dans ta vie. Plus tu protèges cette barrière avec soin, plus tu encourages non seulement l'auto-respect, mais aussi celui des autres envers toi. C'est un échange presque subliminal. Oui, on bosse un peu sur nous-mêmes chaque jour, mais chaque petit geste pour maintenir nos propres limites contribue à renforcer un cercle vertueux de respect.

Enfin, un petit exercice pour tout ça... (parce que parler de respect, c'est bien, mais le vivre c'est mieux). Prends un moment pour réfléchir aux limites que tu considères comme essentielles à ton propre respect – celles qui sont **inviolables** à tes yeux. Énumère quelques actions ou comportements que tu fais tous les jours pour maintenir ce respect de soi. Tu pourrais aussi te demander comment tu réagis quand quelqu'un approche de tes frontières... Froncer les sourcils ou sourire poliment ? Pourquoi ? Cet "Exercice de Réflexion sur le Respect" peut t'aider à identifier les moments où tu ne fais pas vraiment honneur à tes propres besoins.

Bref, en posant cette réflexion sur papier, tu prends **conscience** des espaces où ta propre relation avec toi-même peut encore être nourrie. Le respect, après tout, ce n'est pas quelque chose qu'on impose – c'est un trésor qu'on garde jalousement, à l'interne et avec les autres.

Respecter les limites des autres

Quand tu entres en **relation** avec quelqu'un, c'est super important de pouvoir reconnaître quand il établit des limites. Mais c'est quoi, des limites saines chez les autres ? C'est simple. Quelqu'un qui a des limites claires, eh bien, tu le vois tout de suite. Tu sens, par exemple, quand une discussion devient trop personnelle et qu'il se retire légèrement ou change le sujet. Ou alors, quand il a pris l'habitude de dire "Non" sans donner de longues explications. Pas besoin de se justifier mille fois. Ça veut dire qu'il est à l'aise avec ses propres limites, il les comprend et il espère que tu vas **respecter** ça aussi.

Tu pourrais aussi remarquer des signaux non-verbaux — une tension physique ou un regard qui devient plus distant. C'est tout ça qu'on peut appeler des indicateurs de limites saines. Ouvrir les yeux à ces petits (mais précieux) détails t'aide à réfléchir à tes propres actions. Parce que parfois, on est tellement pris dans ce qu'on dit ou fait qu'on passe à côté. Alors, veille à observer ces moments-là.

Bon, parfois tu te demandes si tu as vraiment franchi une limite ou si c'est juste dans ta tête. Là, y a pas de baguette magique, c'est là que le "Check-In des Limites" fait toute la différence. Mais avant ça, soyons clairs : demander le **consentement** avant de franchir une limite plus personnelle est essentiel. Tu sais pourquoi ? Parce que c'est une marque de respect, carrément. Lorsque tu prends la peine de demander à quelqu'un si ça va de parler d'un truc plus sensible ou de franchir une certaine barrière, tu lui montres que tu le respectes et que ses sentiments comptent vraiment.

C'est là où la magie opère. Tu lui laisses le choix de s'ouvrir davantage ou pas. Peut-être quelquefois il dira non, ou peut-être qu'il t'autorisera à avancer. Peu importe sa réponse, t'as gagné son respect et probablement renforcé la **relation**. Et franchement, qui n'aime pas sentir qu'il est respecté ?

Mais attention, juste demander ne suffit pas. Parce que comment éviter de suivre un long millième monologue improvisé ou de raconter ta vie sans réaliser à quel point c'est genre, "trop" pour l'autre ? Le "Check-In des Limites" ! C'est pas compliqué.

Imaginons : t'es en pleine **conversation**, tu penses vraiment être sur un bon filon, mais attends. Fais un petit "Check-In". Genre une petite phrase simple : "Ça va pour toi, ce sujet ? On continue ou bien...?". Oblige-toi à faire une petite pause. Prends cette habitude, juste ce petit geste mine de rien. Ça montre que tu penses à l'autre, que tu restes ouvert à ses limites.

Si tu sens qu'à un moment donné l'ambiance change ou que l'autre paraît moins enjoué, reviens vite au Check-In — avant d'aller plus loin. Et si la réponse est oui, tu vois, c'est une sorte de feu vert pour continuer. Si c'est non, bah alors, il est important de pivoter sans faire une histoire de ça. Car le but, c'est pas seulement d'éviter le malaise mais plutôt de montrer qu'on est dans un **échange** où la voix et la limite de chacun sont respectées. Sans ça, t'es juste une caricature de sympathie greffée de respect facile. Donc voilà, ce respect mutuel, c'est la ligne de fond et grâce à ça, t'as moins de chances de trébucher dans une relation.

En gros, savoir **écouter**, demander avant de passer à l'étape suivante et être attentif à l'état de l'autre le long de la conversation — ce sont autant de moyens sûrs d'encourager et de construire un respect mutuel solide... sans se noyer dans la prétention ou le surplus d'intentions. Fin du **game**.

Apprendre aux autres à respecter tes limites

Quand on parle de faire respecter ses limites, la **cohérence** est ta meilleure alliée. Si tu es constant dans l'application de tes limites, les autres commencent à comprendre que tu ne plaisantes pas. Chaque limite que tu poses, c'est comme planter une petite pancarte qui dit « ici, je suis chez moi, et voici les règles. » Mais ces pancartes... elles ne font leur boulot que si elles restent bien plantées. C'est simple : si tu laisses passer une violation sans réagir, tu envoies le message que tes pancartes sont juste pour la déco.

L'application cohérente passe par des **actions**, pas juste des mots. Imaginons que tu aies établi qu'après 21h, c'est ton moment pour te détendre, sans aucun dérangement extérieur. Si tu laisses passer des appels ou des visites surprises sans broncher, les gens s'habitueront vite à ce petit écart... et là, adieu la limite. Mais si chaque fois que ça arrive, tu coupes court et tu leur rappelles gentiment mais fermement « Désolé, mais il est 21h, on reprendra demain matin, » ils captent rapidement. Comme les gosses avec des règles strictes, les adultes pigent assez vite si tu te montres sérieux en imposant tes propres règles. Et ça devient une super leçon sans même avoir besoin de le dire explicitement.

Et comme souvent, tout revient à la question de la **clarté**. Parce que poser des limites, c'est une chose. Mais si en face, la personne n'a aucune idée de ce qui se passe ou ne pige pas pourquoi cette limite existe, forcément, elle ne saura pas comment la respecter. C'est pourquoi la **communication** doit être claire, simple. Tu n'as pas besoin de longs discours, juste une phrase directe et précise suffit. Genre, tes besoins, tes règles dans la situation, c'est normal que l'autre sache à quoi s'en tenir.

Imagine une minute que quelqu'un débarque régulièrement à l'heure du déj pour papoter, et toi, ça te saoule parce que c'est le seul moment où tu as vraiment besoin d'un peu de solitude après les réunions interminables du matin. Une phrase du genre « J'apprécie nos conversations mais l'heure du déjeuner, c'est mon moment solo pour recharger les batteries, » voilà une belle façon de s'expliquer sans blesser ou créer de malaise. Pas besoin d'en faire des caisses, juste poser la frontière avec finesse mais de manière directe.

Maintenant, il y a ces cas où les gens peuvent être un peu, disons, plus lents à la détente. Soit par habitude soit par manque de respect pur et simple. C'est là qu'on entre dans le mode « **Renforcement des Limites.** » Si, après avoir respectueusement communiqué tes limites, quelqu'un persiste à les outrepasser, c'est qu'il est temps de changer de tactique. Un script simple peut aider :

• D'abord, rappelle calmement la limite.

• Si ça ne marche pas, mentionne explicitement que tu as déjà évoqué cette limite avant.

• Si ça continue, montre clairement que des **conséquences** vont tomber si ça n'arrête pas.

Un exemple pourrait ressembler à ça : « La dernière fois, je t'avais déjà dit à quel point c'était important pour moi d'avoir du temps le soir sans être dérangé. Si ça continue, je ne répondrai plus aux messages après 20h. »

Voilà, net et précis. C'est crucial d'insister par des actions si la personne ne montre toujours aucun respect pour cette limite. Car après tout, les paroles montrent le chemin, mais seules les actions assurent le respect et maintiennent tes frontières intactes.

Gérer les conflits de limites avec respect

Parlons d'abord des sources courantes des **conflits** de limites dans les relations. Tu sais, quand tu as l'impression qu'une frontière a été franchie ? C'est là que naissent les **tensions**. Souvent, ces conflits surgissent parce que l'un se sent contrôlé ou envahi par l'autre – peut-être que ton pote décide toujours des sorties sans te demander ton avis, ou que ta famille insiste pour que tu assistes à chaque réunion, même quand t'es débordé. Ça te gave, non ?

Il y a aussi cette situation où les limites ne sont jamais vraiment discutées au départ, ce qui mène à des attentes différentes. Genre, imagine que tu penses que c'est normal de passer le week-end en solo, alors que ta copine croit que les week-ends doivent être passés ensemble. Ça sent le roussi pour un conflit à venir, pas vrai ? Et puis, il y a ces moments où tes propres limites ne sont pas claires. Si t'es pas clair avec toi-même sur ce que tu veux, comment l'autre peut le deviner ?

Ensuite, une source majeure de ces conflits, c'est simplement les **malentendus**. On croirait bien connaître l'autre personne, mais on interprète mal ses actions ou ses mots. Par exemple... un collègue emprunte régulièrement ton stylo préféré sans te demander, tu te sens un peu dépossédé, mais lui, pense que c'est cool. Voilà comment ça part en vrille tout ça.

Une fois qu'on a capté les sources, ça devient carrément évident pourquoi l'**écoute** active est si cruciale pour résoudre ces prises de tête. Quand quelqu'un te partage ses sentiments de frustration ou de violation de limites, il a juste besoin que tu l'écoutes – vraiment, sans l'interrompre. Ah ouais, c'est plus dur que ça en a l'air. Parce que, souvent, t'as envie de rectifier, de te justifier... mais zen. Prends une grande inspiration, hoche la tête, et montre que t'es à fond dans ce que l'autre dit. C'est hyper important.

L'écoute active sert non seulement à rassurer, mais ça montre que tu respectes le point de vue de l'autre, même si t'es pas d'accord. Juste le fait de dire, "je capte ce que tu ressens", peut désamorcer des disputes bien avant qu'elles ne partent en sucette. Ça a l'air simple, mais crois-moi, c'est ce genre de petit changement qui fait une montagne de différence dans une relation.

Alors, comment passer d'une discussion tendue à une **résolution** paisible ? Là, on arrive au cadre de la "Résolution Respectueuse". Tu te demandes ce que c'est ? Rien de magique, mais tellement efficace. Quand une limite est franchie et qu'un conflit éclate, c'est l'occasion parfaite de sortir ton arme secrète : parle cash, avec une touche de respect.

Imagine-toi dire : "Je me suis senti envahi là, et ça me met mal". Pas de blâme, pas d'accusation – seulement tes **sentiments**. Ou encore "Je sais pas pour toi, mais quand tu fais ça, ça me pose problème." Tu vois ? C'est simple. Évite les phrases qui accusent, comme "Tu m'as toujours..." ou "Tu fais jamais..." Ça fout de l'huile sur le feu. Garde ça cool et parle de toi, de ton ressenti.

Finalement, vous pouvez établir des **limites** ensemble, ou réajuster celles qui existent déjà, pour que ça colle mieux aux besoins de chacun. Même si ça implique quelques compromis, dans une relation saine, quelqu'un va toujours faire ce petit effort par respect pour l'autre. Vous vous sentirez tous les deux comme des champions d'avoir désamorcé une situation qui pouvait dégénérer. Juste avec quelques mots bien choisis.

Exercice Pratique : Scénarios de Construction du Respect

Établir des **limites**, c'est parfois tout un art. Ce n'est pas toujours évident, surtout quand il s'agit de faire **respecter** tes propres besoins tout en respectant ceux de l'autre. C'est là que les scénarios de limites entrent en jeu. Commence par trouver cinq situations courantes où tu as parfois du mal à dire non. Peut-être que c'est ton pote qui veut encore t'emprunter du fric ? Ou bien, ta famille qui insiste pour organiser une grosse teuf chez toi sans te consulter ?

Bref, essaie de penser à cinq moments où tu voudrais dire non - ou même oui - mais que tu ne sais pas trop comment le faire sans créer de tensions ou te sentir coupable après coup. Ces **situations** que tu vis régulièrement te serviront de base pour la suite. C'est à travers cet exercice que tu commenceras à voir où poser tes limites devient essentiel pour se construire du respect mutuel.

Mais voilà, lister les scénarios n'est que le début. Transition douce - briquet prêt pour allumer cette flamme d'apprentissage qu'est le **Respect**.

Vient ensuite la deuxième étape, rigoler un peu moins et se mettre au sérieux. Maintenant que t'as noté tes cinq scénarios, il faut ressortir ta plume (ou ton clavier) et préparer une **réponse** respectueuse pour chacun de ces cas. L'idée, c'est de créer des réponses qui tiennent compte de tes limites mais qui sont aussi super respectueuses des besoins de l'autre. Disons ton pote qui te demande encore du fric. Plutôt que de balancer un non sec, tu pourrais trouver une manière de dire un truc du genre : « J'aimerais bien t'aider, mais là, je dois me concentrer sur ma propre situation financière pour l'instant. » C'est tout simple mais ça montre que t'as pas besoin de dire non tout court, tu le fais en pensant à la relation.

Un autre exemple serait si quelqu'un te propose un plan de sortie alors que tu préfères avoir un moment tranquille chez toi : « Merci pour l'invitation, ça aurait été sympa, mais cette fois-ci, j'ai vraiment besoin d'une soirée calme pour recharger mes batteries. » Cette façon de parler garde de la douceur. Elle montre aussi que tu honores tes besoins sans envoyer l'autre balader pour autant.

Bon, une fois que t'as tes belles phrases de prêtes, passe à l'étape suivante. Ça demande un tout petit peu plus de motivation car il va falloir t'entraîner à les dire là maintenant. Répète ces réponses tout seul, en face d'un **miroir** même, en faisant attention non seulement aux mots mais aussi au ton. Essaie de garder un langage corporel ouvert, qui inspire le respect et évite d'avoir l'air énervé ou crispé. Prends ton temps pour t'assurer que la **communication** entière est bien positive et équilibrée.

Allez, on passe à la quatrième étape qui fait ressortir ta fibre sociable : le jeu de rôle. Pendant les rôles, garde en tête que tu devras échanger avec quelqu'un tout en changeant de position, histoire de toucher un peu à tout. Cette interaction va te permettre non seulement de consolider ta capacité à t'exprimer mais aussi de mieux appréhender les réactions que tu peux rencontrer dans ces fameux scénarios. Pas évident, n'est-ce pas ?

Enfin, la toute dernière étape de cet exercice t'appelle à aller un peu plus en profondeur. Prends ce qui s'est produit durant les jeux de rôle et prends un peu de recul face à tout ça. Cool, analyse. Demande-toi : est-ce que ta manière de poser tes limites a respecté l'autre ou aurait-ce pu être mieux disons ? Quels obstacles as-tu rencontrés ? Modifie chaque **réponse** envisageable et replonge légèrement en ajustant délicatement. Fin du tour, tu refais à ton rythme.

Tout cela pour, en fait, établir un respect à très long terme sans en faire tout un plat.

En Conclusion

Dans ce chapitre, tu as appris l'importance des **limites** claires comme fondement du **respect** mutuel dans tes relations. Les exercices et les réflexions proposés ici sont des outils pratiques pour mieux comprendre comment instaurer et maintenir le respect envers toi-même et les autres.

Tu as vu :

• Le lien entre des limites claires et le respect dans une relation.

• L'importance de l'**estime** de soi pour respecter les limites des autres.

• L'exercice "Respect Reflection" pour identifier les pratiques frontalières respectueuses.

• Les signes indicateurs de limites saines chez les autres et l'importance de demander un **consentement**.

- Le rôle de la **communication** claire et de la cohérence dans l'éducation des autres à respecter tes limites.

Maintenant que tu connais les clés pour établir des limites respectueuses, n'hésite pas à les mettre en pratique. En appliquant ces **principes** au quotidien, tu es sur la bonne voie pour construire des relations basées sur le respect et la **compréhension** mutuelle. Il ne tient qu'à toi de faire en sorte que chacun de tes échanges se déroule dans ce respect mutuel que tu as appris. Tu as un rôle crucial à jouer—alors **engage-toi** pleinement et observe les changements positifs dans tes **interactions**.

Chapitre 9 : Les limites dans les relations familiales

T'es-tu déjà senti tiraillé entre l'**amour** que tu portes à ta famille et le besoin d'**espace** pour respirer ? Moi, je me suis souvent retrouvé dans cette situation. Les **liens** familiaux, oui, c'est essentiel, mais sans limites claires, ces relations peuvent étouffer tout comme protéger. Dans ce chapitre, je veux que tu réfléchisses à tes propres relations familiales. C'est pas un secret qu'on aimerait parfois poser des **bornes** pour protéger notre paix intérieure, sans pour autant briser les cœurs autour de nous. Et c'est là que ce chapitre entre en jeu. Tu verras comment instaurer des **limites** qui allient respect et amour, et comment naviguer les **tensions** qui peuvent surgir quand quelqu'un franchit ces frontières. Tu découvriras également de simples **stratégies** pour maintenir l'**équilibre** nécessaire dans ta famille, qu'elle soit "traditionnelle" ou recomposée. Fascinant, non ? Allez, viens voir plus loin !

Établir des limites avec les enfants

Ce n'est pas toujours évident de poser des **limites**, surtout quand il s'agit de tes propres enfants. Tu n'as pas envie d'être trop rigide, mais en même temps, une maison sans règles, c'est vite le **chaos**. Heureusement, il est possible d'établir des limites adaptées à l'âge, sans pour autant devenir un tyran domestique.

Ça commence tout petit. Quand tes enfants sont jeunes, les limites doivent être simples et faciles à comprendre, du genre « on ne tire pas les cheveux » ou « on ne colorie pas sur les murs ». Ces règles sont là pour les aider à saisir les concepts de base du bien et du mal, mais aussi pour leur apprendre que tout **comportement** a des conséquences. Sur ce point, il est important de les répéter souvent et de rester constant... même si tu peux te sentir comme un disque rayé parfois.

En grandissant, les enfants peuvent comprendre des limites plus complexes. Les pré-ados et les ados, par exemple, ont besoin de règles sur la gestion du temps, les sorties, et les écrans. Là, des règles plus détaillées comme « fais tes devoirs avant de sortir » ou « on éteint le portable à 22h » deviennent incontournables. En gros, ce sont des cadres qui non seulement structurent la vie quotidienne, mais montrent aussi à l'enfant comment jongler avec ses **responsabilités**.

Bien sûr, poser ces limites, c'est déjà super, mais ce n'est pas toujours suffisant. D'où l'importance des bonnes limites, qui vont au-delà du simple fait de réaliser les tâches requises ; le respect et la compréhension derrière ces actes comptent tout autant.

Quand tu grandis avec des parents qui appliquent de bonnes limites, ça aide à devenir une personne respectueuse de soi et des autres. Les enfants observent constamment, même quand tu n'en as pas l'impression. En montrant l'exemple par des actions comme « rester calme pendant les disputes » ou « écouter l'autre avant de répondre », tu leur donnes un modèle à suivre. Ça leur apprend que même s'ils n'aiment pas certaines consignes à certains moments, il y a toujours une raison derrière ces dernières.

Mais ce n'est pas juste montrer des limites, il y a aussi ce qu'on pourrait appeler les « moments d'**enseignement** des limites ». Fusion du setting boundaries et de l'enseignement pédagogique, ces moments sont de véritables leçons de vie, en direct. Imaginons que ton enfant jette ses jouets partout au lieu de les ranger. Voilà une opportunité parfaite pour enseigner la conséquence liée à cet acte. Tu lui expliques calmement pourquoi il a besoin de ranger ses jeux, puis tu l'accompagnes dans la tâche sans lui ôter la **responsabilité**.

Ces moments, bon, ils peuvent être frustrants, car ils nécessitent patience et répétition, mais en fin de compte, ils sont hyper efficaces. C'est plus comme une méthode un brin douce, mais avec de vraies retombées.

Fixe-toi de repérer ces occasions au quotidien, celles où tu peux doucement mais fermement redresser la situation. En plus, ça renforce ton autorité bienveillante et aide ton enfant à comprendre que les limites, ce n'est pas juste du « fais pas ci, fais pas ça »... C'est beaucoup plus, une question d'**apprendre** ensemble, d'accord ?

Maintenir des limites dans les familles recomposées

Dans une famille recomposée, poser des limites claires peut vraiment faciliter les **transitions** pour tout le monde. Imagine : tu te retrouves avec de nouvelles personnes sous un même toit. Chacun arrive avec ses propres idées de ce que devrait être une "famille". Sans limites, ça devient rapidement ingérable. Ces temps de transition sont déjà pleins de **bouleversements** - nouveaux rôles, nouvelles responsabilités. Si quelqu'un ne sait pas où commence et où finit son rôle, des tensions peuvent surgir... et pas qu'un peu. En énonçant clairement les limites dès le départ, les attentes sont clarifiées ; ça ne supprime pas tous les problèmes d'une famille recomposée, mais ça y contribue - énormément. Dis ce qui peut se dire, identifie les moments délicats et sois clair sur ce que chacun attend des autres. Oui, poser des limites devient **essentiel** pour que tout ça ne tourne pas au vinaigre.

Mais poser ces limites, c'est parfois tout un art, d'autant qu'il ne faut pas éroder les structures déjà existantes. Chaque famille ayant déjà son histoire... eh bien, il y a des limites qui préexistent. Elles veulent dire quelque chose ! Voilà pourquoi il est primordial de respecter ces **frontières** déjà en place tout en introduisant les nouvelles. Dans une telle dynamique, tu rencontres quelqu'un qui vivait selon ses propres règles depuis des années, puis paf ! on change tout. S'il n'y a aucune reconnaissance des limites typiques de chacun, des conflits éclatent. Un exemple caractéristique : quand un enfant avait toujours accès à tous les recoins de la maison chez son autre parent, et tout à coup il apprend qu'il doit frapper à la porte du bureau du beau-père. Du coup, le gosse, il se sent comme spectateur au lieu d'être acteur dans sa propre maison... Logique, non ? Alors quand tu veux imposer ces fameuses limites, tiens compte du parcours déjà traversé, et adapte.

Passer du respect de ces anciennes règles au respect de celles qu'on voudrait implanter, ça ne vient pas si spontanément. C'est pour ça qu'on peut créer un "**Contrat** de Limites pour la Famille Recomposée", comme une feuille de route. C'est un guide pour vraiment harmoniser ces nouveaux départs. Sur papier, chacun y met ses attentes, des règles que tout le monde peut suivre sans friction, tout en versant une dose de respect pour l'historique de chacun. Prends un stylo, assieds-toi avec ta famille, et rédigez-le ensemble. Ce contrat n'est pas juste un bout de papier, c'est mettre en mots et en chiffres ce qui compte pour vous, ce qui n'était pas si clair à l'esprit de tous jusque-là. Tiens, et si on était tout simplement plus clair dès le début, retranscrivant ce qui est important pour que cette **cohabitation** devienne possible, agréable et épanouissante pour tous ? L'idée n'est pas de tout régir au millimètre près, mais d'établir les bases, claires et compréhensibles. Crois-moi, ça aide à avancer plus sereinement, car tout le monde connaît les limites à ne pas franchir.

Quand tu as des limites en place, tu évites pas mal de disputes improvisées. Tu construis quelque chose où il fait bon vivre et où chacun sait ce qu'il doit faire ou non. C'est pas **magique**, mais c'est **important**.

Gérer les violations des limites familiales

Avouons-le, les **violations** des limites en famille, ça arrive souvent. Peut-être que ta tante commente sans arrêt ton poids. Ou alors ton frère débarque chez toi à l'improviste, comme si c'était sa propre maison. C'est épuisant. Ces petites **intrusions**, elles sont comme des piqûres de moustique — isolées, elles peuvent sembler insignifiantes, mais accumulées, elles bouffent ton **énergie** et ta paix intérieure. Elles t'envahissent et brouillent tes frontières personnelles, au point que tu te demandes si ces violations sont vraiment importantes ou si c'est toi qui exagères. Mais crois-moi, ça compte — parce que chaque petite transgression érode un peu plus ce que tu as construit pour te **protéger**, et à la longue, ça finit par peser lourd dans ton quotidien.

Ce n'est pas seulement une question de clarté dans la relation, mais aussi de **respect** mutuel. Quand quelqu'un dépasse constamment tes limites, il finit par te voir comme quelqu'un qui est "délibérément indifférent" ou "pas du tout sympa". Et toi, tu te retrouves à devoir gérer de l'envie, de la **frustration**, parfois même de la colère. Pas facile de se sentir en sécurité et écouté dans un tel climat, tu vois ? En fait, c'est carrément toxique.

Alors, bravo — tu viens de déclarer ces limites violées ! Chapeau ! Le truc, ce n'est pas juste de siffler la fin de la récré et d'attendre patiemment derrière ta barrière toute neuve. Il faut que tu la tiennes, cette limite. Je sais, ça ne fait pas plaisir et ce n'est franchement pas agréable. Mais c'est crucial, tu dois garder une conduite **cohérente**.

C'est là qu'intervient la cohérence. Quand tu décides de poser une frontière — même symbolique ou légère — tu t'engages aussi. Parce que si tu es le seul à la connaître — et que tu ne t'y tiens pas — l'autre se sentira autorisé à la franchir à nouveau. Si ça recommence, il faut en reparler calmement mais fermement. Pas question de faire semblant que "ce n'est pas grave" ou que "ça ira mieux la prochaine fois". Je t'avoue : ça fera mal et ça créera parfois des tensions (oh oui...), mais tu remarqueras vite un truc curieux : la cohérence impose le respect, et même, t'aide. Parce qu'au bout d'un moment, avec du courage et beaucoup de patience, les gens comprendront.

Parlons maintenant de comment réparer les dégâts. Parce que, soyons honnêtes, même avec tes meilleures intentions, recadrer quelqu'un qui commet une faute, ça peut blesser. Il faut donc s'atteler à recoller les morceaux, tout en gardant ferme ta position — ni plus ni moins.

Avant tout, il faut en parler avec la personne concernée. Profondément, sincèrement. Tu expliques à quel point cette transgression t'a touché, et pourquoi elle existe. Tu ouvres le dialogue, pas une guerre ! Mais sans trembler sur tout ça — car contrairement à ce qu'on pourrait croire, il y a des clés à offrir ! L'espace pour évoquer les **blessures** et comprendre le sens que donnent ces comportements.

Ensuite, laisse aussi place aux questions, réponds quand ils s'interrogent sur ta position. Sois ouvert à leurs réflexions, sans pour autant céder sur tes limites. Prends leurs réactions (même le silence gêné !) pour ce qu'elles sont : des tentatives de comprendre, parfois maladroites.

Soigne donc ton langage pour qu'il soit restructurant, proactif, juste assez émotionnel, sans tomber dans la brutalité mais en restant ferme. Résous. Tiens bon.

Enfin, maintenir cette attitude passe par une constance dans tes interactions futures. C'est un processus continu qui demande de l'attention et de la patience. N'oublie pas : l'objectif n'est pas de diluer tes limites, mais de les renforcer tout en préservant vos relations.

En suivant cette voie, tu te libères des idées fausses et tu renforces ton intégrité personnelle.

Exercice pratique : Plan d'action pour établir des limites familiales

T'as peut-être remarqué que parfois, c'est ta **famille** qui te stresse le plus. C'est pas que tu les aimes pas, hein, mais certains **comportements** t'empêchent un peu de respirer, non ? Pour reprendre les rênes et surtout retrouver un peu de **sérénité**, il est important que tu identifies clairement les problèmes à la source.

Allez, commençons par la première étape : Identifie les principaux problèmes de **limites** dans tes relations familiales. D'où vient le malaise ? Qui ou quoi te fait sentir mal à l'aise, envahi, ou frustré ? Par exemple, peut-être que c'est ta sœur qui te demande constamment des services sans jamais se rendre disponible quand t'as besoin d'aide. Ou bien, p't'être que tes parents débarquent chez toi sans prévenir... et qu'à chaque fois, t'aurais vraiment préféré avoir un peu de temps pour toi. Essaie de vraiment cerner trois de ces aspects qui reviennent toujours et te créent du **stress**.

Une fois que t'as identifié tout ça, on passe à l'étape suivante : Pour chaque problème que t'as noté, écris d'un côté ta limite idéale, et de l'autre, la situation actuelle. Par exemple, si on reprend l'exemple de ta sœur... c'est quoi ta limite idéale ? Peut-être que ton **objectif** serait de pouvoir dire non sans culpabilité, et de ne plus te sentir obligé de lui rendre service chaque fois qu'elle demande quelque chose. Actuellement, malheureusement, t'as peut-être l'impression d'être toujours coincé, de devoir dire oui à tout, juste parce que c'est « la famille ». Très important de faire cette distinction—où t'aimerais être, et où t'es réellement.

Quand on a les faits, on commence à planifier parce que rester dans l'indécision, ben, t'avanceras pas d'un pouce. C'est là que démarre l'étape suivante : Développe un **plan d'action** spécifique pour aborder chaque problème de limite. Qu'est-ce que tu comptes faire concrètement ? Par exemple... Pour ta sœur, ça pourrait ressembler à fixer tes propres règles. Peut-être que tu te dis, « je suis prêt à vraiment l'aider quand c'est un vrai coup de pouce, mais pas pour tout et n'importe quoi ». Ou pour les parents qui débarquent sans prévenir, ben, sans faire d'histoire - tu pourrais leur proposer de t'appeler avant de passer. Évidemment, donne-toi des solutions simples, réalistes, surtout réalisables.

Mais un plan sans organisation, c'est comme faire du surplace. C'est pourquoi l'étape suivante est nécessaire : Crée un **calendrier** pour mettre en œuvre ces changements. Ok, va pas tout bouleverser en un jour—fais-le petit à petit. Par exemple... commence la prochaine fois que ta sœur appelle. Ou planifie ce moment pour expliquer doucement tes nouvelles attentes à tes parents... D'ici là, encourage-toi de progresser pas à pas, sans vouloir tout perfectionner d'un coup—ça se fait dans le temps.

Enfin, pour solidifier tout ça... il faut que ça soit clair pour tout le monde. On arrive donc à la dernière étape : Planifie une **réunion** de famille pour discuter et se mettre d'accord sur les nouvelles limites. Rien d'extravagant ! Un déjeuner, peut-être, ou juste un moment où tout le monde est disponible. Commence calmement en partageant ce que tu ressens et ce que t'as fixé comme limites. Écoute ton entourage aussi—ça doit être respectueux des deux côtés. Surtout, rappelle-toi que c'est pas contre eux, c'est pour préserver votre relation. Une petite dose de vérité, un grand geste de respect—ça, c'est la clé.

Alors, prêt à mettre tes nouvelles limites en action et faire un pas de plus vers des relations plus saines ?

En conclusion

Dans ce chapitre, tu as découvert comment établir des **limites** saines au sein de ta famille, en particulier avec tes parents, tes frères et sœurs, tes enfants, et même dans les familles recomposées. En appliquant ces techniques, tu pourras améliorer la qualité de tes **relations** familiales en toute simplicité.

Tu as appris l'importance des limites dans les relations familiales pour éviter les **conflits** et les malentendus. Tu sais maintenant comment créer un "Family Boundary Blueprint" afin d'améliorer les **interactions** avec tes proches. Tu as aussi découvert des techniques adaptées à l'âge pour que tes enfants comprennent et respectent les limites. De plus, tu as appris comment mieux gérer les **tensions** dans une famille recomposée grâce à des attentes claires. Enfin, tu as compris pourquoi il est crucial de réparer les violations de limites au plus vite pour maintenir des relations harmonieuses.

Cette nouvelle approche pourra véritablement **transformer** la façon dont tes relations familiales évoluent. La clé est d'appliquer ces enseignements au quotidien pour créer un **environnement** familial plus respectueux et équilibré. Mets en pratique ces conseils, et tu verras que des relations fortes et saines sont possibles, même dans un cadre familial ! N'hésite pas à **expérimenter** et à adapter ces techniques à ta situation personnelle. Avec de la patience et de la persévérance, tu pourras construire des liens familiaux plus solides et épanouissants.

Chapitre 10 : Les limites dans les relations amoureuses

As-tu déjà **ressenti** le besoin de poser des limites avec quelqu'un que tu aimes, sans savoir par où commencer ou si c'est même acceptable ? Je comprends ça, vraiment. Dans ce chapitre, on va voir ensemble comment fixer ces fameuses **limites**—celles qui garantissent le **respect** mutuel tout en permettant à chacun de rester lui-même à l'intérieur de la **relation**. Je t'invite à repenser ton approche : pas de filtres, juste une **exploration** honnête pour nourrir l'équilibre dans ton couple. Y a-t-il des choses que tu aimerais mieux comprendre ou **renforcer** dans ta relation actuelle ? Eh bien, ce chapitre pourrait bien te donner les **clés** qu'il te manquait, une dimension à laquelle—j'en suis certain—tu n'avais peut-être encore pas pensé. Je te promets une lecture **captivante** dont les effets feront doucement leur chemin dans ton quotidien.

Le Rôle des Limites dans les Partenariats Sains

Les limites dans une relation amoureuse, ce n'est pas du tout une barrière. Au contraire, c'est ce qui met les choses en place, ce qui construit et nourrit l'**intimité**. Et tu sais quoi ? Quand tu sais clairement ce que tu attends de l'autre, tu lui fais **confiance** bien plus facilement. Et la confiance, elle est cruciale. C'est ce qui fait qu'une relation est solide. Oui, poser tes limites, c'est dire à l'autre « voilà qui je suis, voilà ce que je veux ». Pas besoin d'avoir peur qu'on ne t'aime plus en disant clairement où tu en es. En fait, c'est même tout l'inverse. Plus tu es honnête sur tes désirs, tes besoins, tes préférences… plus tu donnes les bons indices pour qu'on apprenne à te comprendre. Ça crée une **compréhension** mutuelle, une intimité sincère. Et c'est comme ça que tu te sens vraiment proche, vraiment écouté.

Mais si tu es en méfiance, si tu as passé ton temps à faire semblant d'être quelqu'un d'autre parce que tu avais peur des réactions, toute cette intimité va en prendre un coup. Te montrer **authentique**, poser tes limites, ça révèle ta vraie personne à l'autre. Il n'y a rien de pire que de nier ses besoins juste pour ne pas contrarier. Ça crée des tensions, ça crée des malentendus. En revanche, quand les limites sont clairement posées, c'est comme si tu ouvrais les portes à un amour plus profond.

Maintenant, parlons du couple en lui-même. Eh bien, savoir poser tes limites personnelles, ça booste l'**identité** du couple. Parce que figure-toi que tu es avec quelqu'un qui t'aime pour ce que tu es, pas pour l'idée qu'il se fait de toi. Quand les deux partenaires savent qui ils sont, et n'ont pas peur de l'affirmer, c'est là que la relation devient unique. Est-ce que sentir que l'autre respecte ce que tu es vraiment, c'est ce qui permet de former une union plus forte ? Oui.

C'est aussi ce qui évite de s'engouffrer dans des repaires nébuleux où chacun perd peu à peu son identité. Une fois établies, chaque personne dans le couple sait mieux où est sa place, et alors ensemble, vous formerez réellement un "nous". Vous savez ce que chacun apporte au couple, ni plus ni moins. Ton individualité n'est pas étouffée, ne passe pas à la trappe, elle fait partie intégrante du truc – et voilà ce qui donne une relation bien vécue.

Et surtout, ne crois pas qu'être à deux veut dire devoir consommer tout l'espace de l'autre ! En respectant tes propres frontières, tu apprends aussi à mieux discerner les situations où, disons… tu vas un peu trop loin dans les affaires de l'autre. Il en va de même pour lui. L'**espace** de chaque partenaire est fondamental parce que sans lui, il n'y a plus d'air pour respirer, plus de place pour te retrouver après une grosse journée, penser à d'autres choses que ton couple – ce qui, paradoxalement, peut faire grimper encore ce niveau d'amour sincère.

Bon, parlons un peu pratique avec quelques points de contrôle des limites dans la relation. Tu te demandes si ton couple respecte ces beaux principes de limites solides ? Tu devrais peut-être vérifier les points suivants :

• Demande-toi si chaque partenaire a le sentiment d'être bien écouté, s'il est respecté dans ses désirs et attentes.

• Y a-t-il certaines limites qui sont clairement communiquées ou réévaluées ensemble ?

• Chaque membre du couple respecte-t-il toujours les différences – les accepter aussi, sans chercher constamment à revoir les choses à sa sauce pour obtenir de l'autre autre chose ?

• La prise de décisions est-elle partagée de façon équilibrée sans imposer son idée à l'autre ?

Voilà, ces points très simples sont tout doux, mais pas moins essentiels pour évaluer comment se porte ta relation autour des dimensions subtiles, multifacettes, et vachement concrètes !

Et avec tout ça en tête, je dois te dire qu'investir là-dedans, dans ces questions, c'est travailler pour toi-même, et ta relation. Quand les deux individus du couple se sentent compris et respectés par l'autre, ils peuvent vraiment croître ensemble, dans des sentiments réconfortants de confiance, et des **racines** invulnérables !

Ce qui est génial finalement ? Avoir balisé ensemble les sentiers pour le couple reste précieux, durable, foncièrement plus **authentique** de fou...

Établir des limites dès le début des relations

C'est **essentiel** d'établir des attentes claires dès le début d'une relation. Si tu permets aux choses de glisser dès le départ, il y a de fortes chances que les petits problèmes se transforment en gros soucis plus tard. D'une certaine manière, fixer des limites dès le début, c'est comme planter des graines dans un jardin pour qu'elles puissent pousser en bonne santé. C'est beaucoup plus facile de bien démarrer que de devoir réparer les dégâts plus tard. Et franchement, ça te permet aussi de vraiment poser le camp sur ce que tu attends de la **relation**, et vice versa. Si tu ne le fais pas, tu prends le risque d'être déçu—ou pire, blessé.

Dès que tu commences à développer une relation, il est important de parler de ce que chacun attend. Ça peut sembler tout simple, mais ça peut aussi être les fondations d'un futur pas trop compliqué. Parce que, comme on dit, prévenir vaut mieux que guérir. Si tu n'as pas discuté de ces limites dès le début, tu pourrais te retrouver en train de gérer un tas de situations inconfortables plus tard, avec toute la pression que ça implique sur ta relation. En posant des attentes claires dès le début, tu évites non seulement les **conflits** futurs, mais tu crées aussi un espace où chaque personne se sent respectée. Les limites servent en quelque sorte de lignes directrices—elles rassurent et font en sorte que personne ne trébuche.

Pour que ce soit un peu plus simple, imagine ceci : tu commences un **voyage** avec quelqu'un. Sans savoir qui tiendra la carte ni qui est à l'aise pour conduire, tout peut très vite tourner au chaos. Mais si, dès le départ, vous définissez les rôles et les attentes, tout le voyage se passe généralement de façon beaucoup plus harmonieuse. Ça fonctionne pareil pour les relations. Dès que tu sais ce que l'autre veut et inversement, la relation commence sur des bases claires.

On peut alors passer à un autre aspect tout aussi important : poser des limites tôt empêche les futurs conflits. Plus tu attends pour définir ce qui est acceptable ou non, plus il est compliqué d'ajuster les **comportements** qui ont déjà été tolérés. Penser que les choses s'arrangeront d'elles-mêmes ou que l'autre personne va deviner ce que tu veux... ça crée juste des malentendus. Par exemple, imagine que tu n'expliques pas dès le début que certaines blagues ne te font pas rire. Ça pourrait conduire l'autre à penser que ces blagues te plaisent, entraînant ainsi des frustrations de ton côté. Et une fois que le problème est là, il est bien plus difficile de le résoudre sans créer de **tensions**.

Alors, pour éviter que ces tensions ne s'installent, il vaut mieux poser des limites dès que possible. Non seulement cela te permet de dire stop avant que les choses n'aillent trop loin, mais cela montre également à l'autre personne que tu es sérieux sur ce que tu acceptes ou non dans la relation.

Pour faciliter la discussion, j'ai un guide que j'aime bien appeler : la Nouvelle Conversation sur les Limites Relationnelles. Ce guide fonctionne comme une sorte de trame pour discuter des limites sans rendre la conversation trop lourde ou dramatique. Essaie d'aborder les discussions autour des limites d'une manière légère, mais directe. Par exemple...

Demande "Est-ce que tu penses qu'il y a des choses qui te mettent mal à l'aise en général dans une relation ?" et ensuite "Si on en parle maintenant, je pense qu'on peut tous les deux éviter certaines situations plus tard."

Reste ouvert : "J'aimerais qu'on parle un peu de ce qui est essentiel pour moi dans une relation. Est-ce que tu es d'accord de faire pareil ?"

Écoute aussi : Parce que la conversation ne concerne pas que toi. Demande ce qui est important pour l'autre.

Toutes ces petites questions non seulement aident à éviter les disputes futures, mais renforcent également la **confiance** mutuelle.

Alors, pourquoi ne pas avoir cette discussion sincère dès le départ ? Tu pourrais établir une base **solide** ensemble.

Maintenir son identité individuelle au sein d'un couple

Quand tu es en **couple**, c'est facile de te perdre un peu, tu vois ? Tout à coup, tes goûts finissent par devenir les siens, les sorties qui te faisaient vibrer, c'est ensemble que vous les choisissez... et là, bam, tu te sens un peu effacé. Mais c'est là que les **limites** personnelles peuvent vraiment t'aider. Elles te permettent de préserver qui tu es, de ne pas te fondre complètement dans l'autre. C'est comme un bouclier qui fait du bien à ton **individualité** tout en te laissant connecté à ta partenaire.

Poser des limites personnelles, c'est en fait dire : « ça, c'est moi. J'aime tel **hobby**, j'ai besoin de tel espace ». Peut-être que ta copine n'a pas trop envie d'entendre les détails sur ton intérêt pour la course automobile ou le bricolage, mais cela compte pour toi. Alors, tu le fais, seul ou avec des potes. Ça peut paraître banal, mais ça insuffle une bouffée d'air frais dans ta personnalité – et ça, c'est précieux.

T'as déjà entendu parler du concept de **différenciation** ? En gros, c'est apprendre à être toi-même, fort et clair. C'est maintenir tes propres idées et opinions, même quand tu bosses en équipe ou que tu discutes avec ta nana. Ce n'est pas "ce que tu dis est bon, tout ce que tu veux", mais c'est reconnaître ce qui te distingue, tout en gardant un équilibre dans l'amour que vous partagez. C'est fondamental, cette notion ; si chacun joue bien son rôle, il y a confiance et pas de prise de tête. Tu restes entier, tu restes toi, tout en douceur. Ça veut dire que t'as pas peur de t'appuyer sur tes **convictions**, même en couple — que vos mondes ne fusionnent pas complètement, et c'est exactement ce qu'il faut pour que le respect mutuel tienne bon.

Tu te demandes comment maintenir cet équilibre ? La technique "Préservation de l'**identité**" est là pour toi. Un petit nom pour dire "garde ton espace intime". Parce que mine de rien, en amour, garder des moments pour soi, c'est top.

• Déjà, donne-toi le droit de dire "Non, là c'est l'heure où j'écris mon journal, je vous rejoindrai plus tard."

• Les petites actions de séparation sont aussi utiles. Décide que le week-end, c'est le foot avec les potes ! Ou simplement écoute ta playlist préférée dans le métro.

• Retrouve tes **passions** personnelles. Une série TV que tu décides de savourer tout seul ? Profite, et parle-en, mais n'attends pas que ta copine soit toujours d'accord là-dessus.

Toi plus elle, ça fait un beau duo. Vous restez indépendants, mais les moments partagés restent sous les projecteurs. Les limites y participent totalement.

Les limites, ce n'est pas pour briser, c'est pour garder chacun plein de nouvelles expériences à partager. Car si l'amour se construit à deux, il faut que chacun reste lui-même. Droit et connecté. Relier le couple, rien d'autre.

Bon courage, mec ! Ici, tu atteins l'équilibre parfait, et les conseils que tu trouves ici pourront devenir ta **boussole** pour une relation épanouie.

Gérer les problèmes de limites dans les relations à long terme

Dans les relations amoureuses à long terme, il n'est pas rare de voir une **érosion** progressive des limites. Ça commence petit... Tu partages tout, tu passes de bons moments ensemble, et cela peut devenir facile d'oublier où tes limites commencent et se terminent vraiment. Ce flou peut s'installer lentement, un **compromis** ici, un silence à un moment critique là. Et avant de t'en rendre compte, des choses qui te dérangeaient autrefois passent maintenant inaperçues. Il arrive souvent qu'on prenne l'autre pour acquis, qu'on s'habitue à ses petites incursions dans ce qu'on considérait jadis comme inviolable. Un exemple courant ? Les attentes qui se transforment en **obligations**. "Tu fais toujours la vaisselle, non ?" ou "Je pensais que tu payais, comme d'habitude." Ça traduit un affaiblissement de certaines limites que tu avais posées au début, mais qui, avec le temps, deviennent floues. Et ce flou, il s'amplifie.

Se rendre compte de cet affaiblissement n'est pas toujours facile, mais c'est nécessaire si tu veux éviter que les **frustrations** s'accumulent. C'est là que vient l'importance de renégocier les limites. Elles aussi doivent évoluer, tout comme la relation en elle-même. Le truc, c'est de reconnaître quand ces limites ne correspondent plus à ce qu'elles étaient — et d'avoir le courage de les recadrer. Renégocier les limites, ce n'est pas imposer un ultimatum ou puer la confrontation, mais réaffirmer ce qui est important pour toi. Prenons un exemple tout simple : au début, tu trouvais romantiques ces messages à minuit juste pour dire "Je pense à toi". Eh bien, cinq ans plus tard, et avec trois réunions dès 9h du matin, cette habitude peut devenir une intrusion dans ton besoin de sommeil. La clé ici ? La **communication**. Dis : "J'adore recevoir ces messages, mais j'ai vraiment besoin de bien dormir pour être opérationnel demain. Peux-tu m'envoyer ces petites pensées en soirée à la place ?" Une demande simple — respectueuse de vos besoins à tous les deux. C'est ça, renégocier.

Il reste toutefois une situation où une petite remise à zéro peut être nécessaire. J'appelle cela "Réinitialisation des Limites". Parfois, après trop de concessions faites, trop de "laisser-aller", on en arrive à une situation où aborder chaque petit problème individuellement ne suffit plus. C'est là que ce processus de **réinitialisation** entre en jeu, un moment pour revitaliser ensemble les bases de la relation. Pour ce faire, il faut y aller calmement... choisis un moment propice pour discuter et explique que tu sens qu'un "reset" pourrait vous faire du bien à tous les deux. Ensuite, explorez ensemble de nouvelles limites. Quelles sont les choses que vous pouvez mettre en place dès aujourd'hui pour revenir à une dynamique plus saine, plus équilibrée ? Note-les si nécessaire, mets-les en pratique et reste ouvert aux ajustements.

Et ça ne sert à rien de dramatiser tout ça, parfois les petites réinitialisations régulières sont tout ce dont un couple a besoin pour repartir du bon pied. Chaque parcours est différent, et trouver ce qui marche pour vous est essentiel dans la création d'une relation **durable** — avec des limites claires et respectées.

Exercice pratique : Bilan des limites relationnelles

S'occuper des **limites** dans ta relation ? Pas toujours simple, mais oh combien nécessaire. Cet exercice va t'aider à faire le point sur tes limites personnelles et à voir où il faudrait mettre un peu d'ordre. Ces limites, c'est un peu comme des filtres personnels – ils te permettent de vivre une **relation** dans laquelle tu te sens respecté et épanoui. Alors, on commence au début – ta liste personnelle.

Fais une liste de tes 5 limites personnelles principales dans les relations amoureuses. Autrement dit, qu'est-ce qui est non négociable pour toi ? Cela pourrait être des choses comme respecter tes besoins d'indépendance, ne pas tolérer les mensonges, maintenir un espace pour tes passions... Prends le temps de les identifier.

Un petit truc : réfléchis à tes anciennes relations. Il est souvent plus facile de comprendre ce qui est vraiment important pour toi en repensant aux moments où tu t'es senti mal à l'aise ou pas respecté. Une fois que tu as ça, note tes limites quelque part. Te rendre compte de ces limites, c'est déjà le premier pas pour mieux **comprendre** ce que tu veux et ce que tu ne veux pas dans ta relation.

Maintenant que tu as noté tes limites, on passe à l'étape suivante. Tu as une bonne idée de ce qui est non négociable pour toi – super. Mais est-ce que ces limites sont vraiment respectées au sein de ta relation actuelle ?

Note à quel point ces limites sont actuellement respectées sur une échelle de 1 à 10. Et oui, un peu d'**introspection** ne fait jamais de mal ! Cela implique d'être honnête avec toi-même. Si par exemple, tu dis que ne pas tolérer les mensonges est super important pour toi mais que tu penses que ce point n'est respecté qu'à 5/10, c'est un signal. C'est vraiment le moment de noter ce pourcentage et essayer de comprendre pourquoi ce n'est pas un 9 ou un 10.

Au fur et à mesure que tu mets des notes, cela te donnera une vision plutôt claire de ce qui va et ne va pas dans ta relation. Peut-être que tu te rends compte que certaines limites sont très solides et bien respectées, et c'est tant mieux ! Mais pour d'autres, tu verras peut-être qu'il y a des zones grises. Ces zones ? C'est vers celles-ci qu'on se dirige maintenant.

Identifie les domaines où les limites doivent être clarifiées ou renforcées. Là, c'est un peu le moment de passer au crible chaque petite zone où tu as mis moins de 8. Dans ces zones, il y a probablement certaines petites choses qui font que tes limites ne sont pas toujours bien claires. Il se pourrait que certaines limites n'aient jamais vraiment été exprimées clairement. Ou peut-être, tu as laissé passer des petites choses mais, au fond, elles te gênent. Il faut bien réfléchir là-dessus d'une façon calme et honnête avec toi-même.

Autrement dit, quelle limite mérite vraiment d'être abordée ? C'est parfois délicat d'être objectif, mais c'est essentiel pour faire avancer ta relation. Placer ces points sur la table te permettra d'avoir une **discussion** ouverte et constructive.

Et c'est le bon moment de penser à comment aborder cette discussion.

Rédige un plan pour discuter des ajustements de limites avec ton partenaire. T'es sûrement d'accord, surprendre quelqu'un avec une conversation sérieuse comme ça, ce n'est pas l'idéal. Comme c'est une étape importante, il te faut créer l'ambiance propice. Il vaudrait mieux organiser ta pensée sur comment tu vas introduire le sujet – peut-être même rédiger quelques points clés pour t'aider à partager calmement ton ressenti.

Une des astuces que j'aime ? Parler avec des sentiments "Je" – "Je me suis rendu compte que…", plutôt que d'accuser l'autre personne. Ça aide à garder la conversation plus constructive. En d'autres mots, respecte-toi, respecte ton partenaire – voyez cela comme une conversation à deux voix, et non comme un jugement.

Une fois préparé, tu arriveras à l'étape finale.

Planifie un moment dédié pour une conversation de bilan des limites. Choisir un bon endroit, un bon moment, c'est crucial. Un cadre où vous vous sentez tous les deux à l'aise, sans précipitation ni interruption – ça fait toute la différence. Peut-être en fin de journée, après un bon repas, ou en pleine après-midi tranquille… L'idée est de trouver un créneau où ta **partenaire** sera dans la meilleure disposition pour une discussion honnête et calme. De cette façon, vous pouvez ensemble réévaluer comment vos limites fonctionnent et décider ce qui doit encore être ajusté.

Ainsi, cette série d'étapes peut t'aider à retrouver ce sentiment d'**équilibre** et de respect mutuel dans la relation. C'est parfait pour prendre soin de toi, tout en renforçant les bases de ta relation. Quoi de mieux ?

En conclusion

Ce chapitre te montre l'**importance** des limites dans les relations amoureuses. En fixant des règles claires, tu peux **construire** une relation solide, empreinte de **confiance** et de respect. Prendre soin de ton espace personnel tout en partageant ta vie avec quelqu'un d'autre te permet de préserver ton **identité**. Enfin, ce chapitre propose des outils concrets pour vérifier que ces limites sont en place et les ajuster si nécessaire.

Dans ce chapitre, tu as appris l'importance des limites pour bâtir une relation amoureuse saine et durable. Tu as compris la nécessité de fixer ces règles dès le **début** d'une relation. Tu as aussi vu comment les limites te permettent de maintenir ton identité au sein du couple. On a abordé quelques-unes des **difficultés** rencontrées dans les relations à long terme lorsque les limites ne sont pas respectées. Enfin, tu as découvert une activité pratique pour **évaluer** et renforcer les limites dans ta relation.

Applique les leçons de ce chapitre et tu verras comment des limites bien définies peuvent t'aider à vivre une relation amoureuse plus **équilibrée**. Ça vaut vraiment le coup, pour toi et pour ton couple. N'hésite pas à y revenir de temps en temps pour faire le point sur ta situation et ajuster ce qui doit l'être. Avec de la pratique, tu deviendras un pro de la gestion des limites dans ta vie amoureuse !

Chapitre 11 : Les limites au travail

T'es-tu déjà senti comme si tu **traversais** une frontière invisible au boulot ? Tu sais, ce moment où tu te demandes si tu as laissé trop de place à quelqu'un autour de toi. Eh bien, dans ce chapitre, on va aborder une question très simple, mais souvent négligée : où commence et où s'arrête notre **espace personnel** au travail ? Je vais te montrer pourquoi fixer ces attentes, c'est non seulement **essentiel**, mais ça change tout pour ceux qui apprennent à le faire comme il faut.

On passe un temps fou avec nos **collègues** et supérieurs. Mais entre un échange cordial et une **intrusion**, la limite est parfois floue. Grâce à ce chapitre, tu trouveras des tuyaux pour établir ces **frontières**, et je parie que ça te donnera envie de découvrir comment faire valoir tes propres limites à l'avenir... même dans les situations délicates. Tu es prêt ? On se lance.

Ce chapitre va t'aider à **naviguer** dans ces eaux parfois troubles des relations professionnelles. Tu apprendras à reconnaître les signes d'une limite franchie et à réagir de manière **appropriée**. Que ce soit face à un patron trop insistant ou un collègue un peu trop familier, tu sauras comment garder le cap sans froisser personne. Alors, prépare-toi à devenir un pro de la gestion des limites au travail !

Limites professionnelles vs. limites personnelles

Quand il s'agit de fixer des **limites**, tu fais probablement une distinction entre celles dans ta vie perso et celles au **boulot**. Et t'as raison. Les limites chez toi et au travail ne jouent pas du tout le même rôle, et c'est important de comprendre pourquoi—et comment tu peux les définir.

Les limites perso sont un peu comme un filet de sécurité que tu tisses dans ta vie—elles protègent ta vie privée, tes **émotions**, et l'énergie que tu dois préserver pour toi et ceux que tu aimes. Mais au boulot, les limites prennent une forme différente. Là, il s'agit plus de structurer tes relations avec les collègues, les chefs, les clients et les pros en général. C'est pas seulement pour te protéger, mais aussi pour garder des rapports clairs, pros et respectueux.

Imagine au boulot, si t'as pas de limites pro claires... C'est vite la pagaille. Les attentes deviennent floues. Quelqu'un pourrait commencer à trop se reposer sur toi, ou pire, passer des heures à discuter de la pluie et du beau temps, t'empêchant de vraiment avancer sur ton **taf**. C'est un peu comme un marteau qu'on utiliserait pour tout et n'importe quoi... sans les bonnes limites, c'est le bordel.

Comment les bonnes limites pro peuvent carrément améliorer l'**ambiance**? On imagine souvent que fixer des limites au boulot, c'est comme mettre un mur entre soi et les autres. Mais en fait, c'est tout le contraire. Quand tu poses des limites claires, tu contribues à créer plus de **confiance** autour de toi. Ton boss saura exactement quand il peut compter sur toi et quand, ben, t'es plus dispo. Pareil pour les collègues, ils comprendront que pour toi, le pro, c'est le pro, et le perso... c'est perso.

Et tiens, autre truc cool, c'est que fixer des limites pro ça clarifie les rôles. Direct, ton équipe saura ce que chacun doit faire. Moins de confusion, moins de "qui fait quoi?", et plus d'efficacité. Bosser ensemble devient plus fluide—un peu comme une symphonie où chaque instru connaît sa place.

C'est pas toujours facile de tracer une ligne entre boulot et maison. C'est souvent le foutu boulot qui ramène son nez un peu partout—dans tes textos, tes mails... Mais alors, comment tracer une vraie limite quand t'en as marre que ta boîte soit avec toi tout le temps?

C'est là qu'une "carte des limites entre vie pro et vie perso" peut devenir ton meilleur allié. Ce que je dis c'est... invente des moments spécifiques pour te reconnecter avec ta vie perso. Couche ton **téléphone** à 20h. Mets des restrictions à tes mails—rien de pro après le dîner. Configure chez toi un bureau si possible, pour garder des espaces physiques séparés.

Bref, une sorte de discipline que tu te fixes pour respecter tes besoins à toi autant que ceux des autres. Parce qu'il faut se rappeler que même si ton boulot est super important, y a qu'une seule personne qui doit passer en top **priorité**: Toi. Quand tes besoins sont posés, ceux des autres seront mieux compris aussi. Simple et efficace.

Fixer des limites avec les collègues et les superviseurs

Parfois, au **travail**, il faut savoir dire non. Pas facile, hein ? Tu es entouré de collègues qui demandent sans arrêt des petits services, ou bien ton superviseur se penche sur toi, ajoutant encore et encore à ta montagne de tâches. L'idée de fixer des limites peut sembler un peu... effrayante, mais c'est **indispensable** pour garder ton équilibre. Un peu comme dire à ton voisin qu'il doit baisser le volume de sa musique à deux heures du mat'.

Commence par parler à tes **collègues**. La clé ici, c'est la simplicité. Inutile d'y mettre des formes ou un langage trop prétentieux ; tu veux qu'on te comprenne, pas qu'on te prenne pour un mec arrogant. Alors, utilise des mots clairs et directs. Si quelqu'un te demande sans cesse de compléter des tâches qui ne font pas partie de ton boulot, tu peux dire un truc du genre : "Je suis vraiment **débordé** en ce moment. Je n'aurai pas le temps de m'en occuper." Ça fait moins dramatique que de tout prendre sur toi et de te retrouver avec une surcharge de boulot. Et si tu précises ça sobrement, avec assurance, la personne comprendra que tu tiens à ton espace. C'est aussi simple que ça.

Ensuite, abordons les violations de ces fameuses limites. Lorsque quelqu'un dépasse ces barrières que tu as érigées, c'est important de gérer ça tout de suite, calmement et sans te sentir coupable. Parce que franchement, si tu ne fais rien, ça recommencera et te frustrera complètement. Imagine, t'as déjà dit à un collègue que tu ne peux pas rester après les heures de **travail**, et là, il t'appelle – encore. Un petit rappel avec un ton ferme s'impose, mais gentiment quand même, du style "Je t'avais dit que mes disponibilités sont limitées après 18h."

Bon, comme transition, pensons au cadre plus formel avec les **superviseurs**. Ici, on penche plutôt pour une approche méthodique. Plus simple. Disons qu'on va s'appuyer sur une "Déclaration de Limites Professionnelles" – et c'est plus facile à gérer avec les chefs. Cette déclaration, c'est un peu ta recette pour bien faire comprendre ce qui est faisable ou non. Exemple tout simple. Si tu as du mal à jongler avec toutes les demandes de ton chef, tu pourrais dire "Je souhaite m'assurer de bien gérer mes **responsabilités** actuelles avant d'en accepter d'autres."

Quand tu fais ce genre de déclaration fermée et explicite, il va comprendre que tu n'es pas là juste pour dire oui à tout. Et faut être transparent parce qu'on cherche le respect et la clarté, non ? Y'a rien de pire que d'accepter tout et de se retrouver au bord de l'épuisement... non merci !

En gros, que tu parles à un collègue ou à un superviseur, le truc c'est d'être toujours clair et sûr de toi. Tu ne distribues pas de **responsabilités** que tu ne peux pas gérer. Tu fais un rappel poli si nécessaire. Et tu formules des limites de manière précise et facile à comprendre. Trois étapes simples qui feront que bientôt, tes relations au boulot deviendront beaucoup plus fluides et sans angoisse. Tu mérites de **respirer** un peu, carrément !

Équilibrer les frontières entre vie professionnelle et vie privée

Un truc **important** quand tu parles de bien t'organiser au boulot, c'est de savoir où tracer des limites. D'ailleurs, avoir des frontières claires entre le taf et la vie perso aide vachement à éviter l'**épuisement**. En gros, quand t'es trop pris par ton boulot et que tu ne dis jamais stop, forcément, ça va finir par te crever complètement. T'as sûrement déjà ressenti cette fatigue qui te colle à la peau, celle qui te garde éveillé la nuit et te fait zapper des soirées avec tes potes. Par contre, avoir ces frontières bien définies, c'est un peu comme avoir un coin tranquille chez toi pour te reposer—ça permet de te **ressourcer** pour mieux repartir le lendemain. Et devine quoi ? Ta **productivité** fait un bond quand t'es bien reposé et que t'as pris du temps pour tes moments à toi. Ça marche à tous les coups.

Il est aussi super important de garder un œil sur tes messages pro en dehors des heures de boulot. Avec tous les outils **numériques** qu'on utilise tous les jours, genre les emails, WhatsApp, et autres machins, tu te retrouves parfois à bosser même quand tu devrais être en mode détente. Mais, attends, pourquoi laisser les messages envahir ton espace perso ? Ça finit par tout mélanger et tu n'as vraiment plus aucun moment à toi. Quand t'es toujours branché, non-stop, ton cerveau ne réalise même plus quand il doit s'arrêter. Résultat : un état de **stress** permanent qui ne te lâche plus, même le dimanche après-midi. Pour tenir le coup, c'est crucial de mettre en place des règles—comme ne plus checker tes mails après une certaine heure ou pendant le week-end. Le monde continuera de tourner, t'inquiète, et ton boss te remerciera sûrement d'être frais le lundi matin, plutôt que sur les rotules.

Maintenant que t'as compris l'importance d'avoir tes limites pro/perso bien posées, il existe une méthode qui pourrait t'aider : l'"**Intégration** Travail-Vie." L'idée, c'est pas de chercher l'équilibre parfait à tout prix, mais plutôt d'intégrer harmonieusement les deux mondes. Tu veux pouvoir accepter d'emporter un peu de taf à la maison parfois, sans pour autant sacrifier tes relations sociales. L'idée, c'est de trouver un rythme qui te convient, qui colle à ta façon de vivre. Par exemple, si t'es du genre à mieux te concentrer tard le soir, pareil—vas-y, garde des trucs créatifs pour ces moments-là. Hou, et fais-toi une pause l'après-midi alors, pour compenser. Là, au lieu de jouer sur la quantité d'heures passées au bureau, tu bosses plutôt quand t'es le plus productif, tout en ayant du temps de qualité pour toi et tes proches.

En fin de compte, gérer la frontière vie pro et vie perso, c'est accepter qu'elles interfèrent de temps en temps, plutôt que de déployer des trucs de fou pour les séparer complètement. Tu sais ce que tu fais habituellement, chacun connaît ses limites. La règle d'or, c'est de respecter ce qui te semble juste pour te **préserver** tout en restant efficace. C'est ce qui peut vraiment faire la différence sur le long terme—pour toi, ton moral et ton taf, évidemment.

Aborder les violations de limites au travail

Dans un **environnement** professionnel, les violations de limites sont malheureusement très courantes. Ces infractions peuvent être de toutes sortes. Ça va du collègue qui empiète constamment sur ton espace de travail au patron qui te bombarde de messages à toute heure. Sans parler de celui qui te rappelle un rendez-vous mille fois ou te charge de tâches qui ne sont pas ton **boulot**. Ces actions peuvent sembler mineures, mais cumulées, elles bouffent ton bien-être mental et ta productivité. Sans oublier la frustration de ne pas te sentir respecté.

Franchement, quel **impact** ces violations peuvent-elles avoir ? Plein de choses se passent quand tes limites sont bafouées. D'abord, la fatigue émotionnelle s'installe. Ensuite, ton **stress** monte en flèche. T'as l'impression d'être bousculé, et plus rien ne coule de source au bureau. Tout ça peut même pourrir les relations de travail et créer des conflits inutiles.

C'est là que le soutien des **ressources humaines** et les politiques de l'entreprise doivent jouer leur rôle pour redresser la barre. Imagine un peu une boîte où personne ne pige que chacun a droit à son espace perso ou que le respect des horaires n'est pas négociable. Un vrai bordel, non ? C'est là que les RH sont censées intervenir. Elles jouent les flics, mais aussi les profs en quelque sorte. Dès qu'une violation de limite fout le **bordel** au boulot, elles doivent réagir vite fait.

La boîte devrait aussi avoir des règles claires qui expliquent les comportements inacceptables et les conséquences si ces limites sont franchies. Par exemple, si un collègue ne respecte pas ta demande de garder ses distances, c'est aux RH de le recadrer et de lui rappeler les bases. Voilà pourquoi les RH doivent vraiment imposer des conséquences – cool mais ferme – pour éviter que ça se reproduise. Après tout, c'est crucial que tout le monde au taf se sente écouté et respecté. C'est ce qui rend le boulot un peu plus vivable, voire sympa.

Comment réagir quand tes limites sont franchies ? Tout commence par garder ton calme. Ouais, je sais, plus facile à dire qu'à faire... Mais prends le temps de respirer et de réfléchir avant de péter un câble. Avoue que parfois, mordre trop vite n'arrange rien. La première étape, c'est d'expliquer clairement tes limites à la personne concernée, si possible en privé. Faut savoir choisir ses **batailles**, ça sert à rien de foncer dans le tas.

Si ça recommence malgré ton avertissement, mieux vaut en parler aux RH. C'est pour ça qu'elles sont là, pas juste pour recruter, mais aussi pour gérer ce genre de **situation**. En gros, ton plan d'action doit être : exprimer tes limites avec assurance sans hausser le ton – parce que ça sert à rien de s'énerver – et ensuite demander l'aide des RH si rien ne change.

Bref, tu t'assures que chaque violation de limites soit prise au sérieux, au taf comme ailleurs. Préserver ton espace perso, c'est aussi important que légitime.

Exercice pratique : Scénarios de limites en milieu de travail

Abordons ensemble cinq **défis** courants auxquels tu peux faire face au boulot.

Voici quelques problèmes fréquents :

• Surcharge de travail : Tes collègues te refilent constamment des tâches supplémentaires, sans considérer ta charge actuelle.

• Heures sup' : On s'attend souvent à ce que tu restes tard au bureau, même si ce n'est pas explicitement demandé.

• Interruptions à gogo : Tu essaies désespérément de boucler tes projets, mais on te coupe l'herbe sous le pied toutes les cinq minutes avec des mails ou des messages instantanés.

• Collègue pipelette : Un de tes partenaires de travail te tient la jambe pour te parler de tout sauf du taf, ce qui te met dans les choux.

• Demandes d'aide de dernière minute : On te sollicite constamment à l'arrache, foutant un beau bordel dans ton planning.

Tu as tout ça en tête ? Voyons comment gérer ces situations avec **assurance** et un brin de style.

Scénario 1 : T'es submergé de boulot

T'as remarqué que tu dis oui à tout ? Résultat : on te refile toutes les corvées... Pour contrer ça façon pro, pourquoi ne pas balancer : « Merci de m'avoir sollicité. Mon agenda est déjà blindé cette semaine. J'ai peur de ne pas pouvoir m'y coller dans les temps. » Cash et direct, sans être un connard.

Scénario 2 : Toujours plus d'heures... à n'en plus finir

Eh oh, qui a décidé que tes soirées entre potes ou en famille étaient soudain dispo pour le taf ? Une simple phrase comme celle-là peut te libérer : « J'ai prévu de me casser à l'heure aujourd'hui pour des engagements perso. S'il y a une urgence, on peut en causer maintenant ou demain matin. »

Scénario 3 : Ce collègue qui interrompt tout le monde

On connaît tous un gars qui envoie des pings toutes les trente secondes, non ? Voilà une réponse pro et subtile : « Je ne pourrai pas répondre illico à tes messages là, je suis à fond sur un projet important. On peut se caler un moment plus tard pour en discuter ? » Autrement dit... Pas cette fois, mon gars.

OK, et là on fait quoi ? Étape suivante, rapidos, promets-le moi : **Entraîne-toi** à sortir tout ça.

Vois comment ça sonne, chope ton chat, ton miroir – n'importe qui – et balance ces lignes à voix haute. Récite-les jusqu'à ce que tu te sentes à l'aise. Et n'oublie pas que rester pro et clair, c'est la clé. Tu veux avoir l'air sûr de toi. Pas arrogant, mais ferme et confiant. Parce que, merde, t'as raison, quoi.

Une méthode encore plus efficace : **Le jeu de rôle avec un collègue**. Chope un pote au boulot – fais-le jouer le relou de service. Échangez les rôles, fais l'autre. Essaie de capter les moments où ton message n'est pas assez clair. Ou trop rigide. C'est le moment de peaufiner ton truc avec l'aide de quelqu'un.

Et **une dernière étape pour la route** : prends le temps de réfléchir à comment ça se passe après avoir testé. Tu dois ajuster ta réponse ? T'as trouvé ton équilibre entre poser tes limites et rester cool ? Parfait. T'as tout bouclé.

Relax. Voilà ton plan : tu repères tes **défis**, tu concoctes des réponses claires, tu t'entraînes à les balancer, tu fais un jeu de rôle et tu peaufines si besoin. Cinq petites étapes pour créer un gros **impact** au boulot. Allez, c'est dans la poche, non ?

En Conclusion

La **maîtrise** des limites professionnelles et personnelles est essentielle pour une vie épanouie et équilibrée. Ce chapitre t'a offert des perspectives concrètes pour mieux comprendre et établir ces limites, tant dans ta vie professionnelle que personnelle.

Tu as pu observer les différences clairement définies entre les limites du travail et celles de la vie personnelle. Tu as aussi découvert l'**impact** positif des limites professionnelles sur l'environnement de travail. On t'a présenté un outil pratique pour dessiner tes propres limites dans le monde du travail. Tu as également appris des **stratégies** utiles pour exprimer et soutenir tes limites auprès des collègues et des supérieurs. Enfin, tu as compris l'importance vitale de maintenir un **équilibre**, notamment grâce à des limites claires entre vie privée et vie professionnelle.

N'aie pas peur d'appliquer ces **principes** dans ton quotidien. Protéger tes limites, c'est créer une vie plus rigoureuse, plus paisible et plus respectueuse. En osant affirmer tes **besoins**, tu ouvres le chemin vers une existence harmonieuse et productive, aussi bien au boulot qu'à la maison. Sois **acteur** de ton bien-être !

En appliquant ces conseils, tu verras une nette amélioration dans ta qualité de vie. N'hésite pas à ajuster et à affiner tes **limites** au fil du temps. Souviens-toi que c'est un processus continu qui évolue avec toi. Alors, lance-toi et prends les rênes de ta vie professionnelle et personnelle !

Chapitre 12 : Les limites dans les amitiés

C'est quoi, une **amitié** saine pour toi ? Peut-être que, comme moi, tu as parfois ressenti qu'une relation précieuse devenait **lourde**... déséquilibrée. Tu finis parfois par passer plus de temps à satisfaire l'autre qu'à penser à toi-même. Dans ce chapitre, je veux qu'on réfléchisse ensemble à l'importance de tracer ces **limites**, même si par moments c'est un peu délicat.

Je sens déjà tes hésitations. Fixer des limites... Ça fait souvent **peur** parce que tu crains de perdre l'autre. Mais crois-moi, poser des limites, c'est en quelque sorte redonner **vie** à tes relations. Tu vas voir qu'au fil des pages, tu apprendras non seulement à détecter des **déséquilibres**, mais aussi à entretenir des amitiés sincères tout en gardant tes propres **espaces** personnels.

C'est comme tailler un arbre... on enlève les branches mortes pour que les **liens** se renforcent et s'épanouissent encore mieux.

Définir des limites saines dans l'amitié

Les amitiés saines reposent sur un tas de choses, mais ce qui fait toute la différence, ce sont les **limites** claires. Ça peut sembler un peu contre-intuitif, mais c'est vrai : mettre en place des barrières, ça permet en réalité de renforcer les relations. Pourquoi ? Parce qu'une limite, ce n'est pas un mur, c'est plutôt une sorte de règle du jeu. Ça dit où chacun se trouve, ce qui est ok et ce qui ne l'est pas. Quand toi et tes potes êtes sur la même longueur d'onde par rapport à ces limites, ça crée un espace de **respect** mutuel.

Tu te souviens sûrement de moments où tu t'es senti mal à l'aise, où tu t'es dit que ton pote avait été trop loin ? C'est là que les limites entrent en jeu. Elles protègent cette zone de **confort** où toi comme ton ami vous pouvez grandir en toute confiance. Avec des règles claires, chacun sait ce qu'il peut se permettre, et il y a moins de chances de marcher sur des œufs.

Une limite bien définie, c'est aussi le meilleur pote de la **confiance**. Quand tu dis "non" ou que tu définis clairement ce qui te va, tu te respectes et tu fais comprendre à tes amis que leurs choix et leurs attentes importent tout autant que les tiens. Imagine un match amical de foot – si chacun connaît les règles, le jeu se déroule sans accrocs. En gros, des limites claires augmentent la qualité des échanges en rendant les interactions prévisibles, ce qui leur confère une base solide.

Ces fameuses limites, ce ne sont pas juste des murs, mais des ponts vers une meilleure **connaissance** de soi et des autres. Si chacun est capable de dire ce qu'il veut, ça veut dire que tout le monde est impliqué à fond dans l'amitié. Plus de questionnements, plus d'ambiguïtés. C'est comme ça que la transparence mène finalement à un degré de respect mutuel qui facilite la vie. Oui, donner ton avis et parfois avoir un "non" en réponse, c'est signe de respect, carrément !

Et pour terminer sur les conseils pratiques, voici "Les Bases des Limites en Amitié", un guide ultra-simple pour poser aussitôt des limites saines :

• Sois **clair** dès le début : Dis dès le départ ce qui te va ou non. Mieux vaut parler tôt que de laisser le malaise s'installer.

- **Communique** souvent : Check fréquemment avec ton pote comment les choses se passent. Ça évite les mauvaises surprises plus tard.

- Apprends à dire "non" sans culpabiliser : C'est sûr que ce n'est pas toujours facile, mais n'oublie pas que ton "non" peut aussi être un "oui" pour toi-même.

- Sois à l'**écoute** : Les limites doivent aussi aller dans l'autre sens ; écoute quand ton ami t'explique les siennes.

- Respecte les limites mises en place : Si ton pote te confie ce qui ne lui convient pas, fais un effort de les respecter sans tergiverser.

Donc, tout compte fait, il paraît simple de créer des liens forts à travers des limites bien posées et maintenues avec soin. Quand ces fondamentaux sont en place, ton **amitié** ne peut que s'épanouir paisiblement.

Aborder les déséquilibres dans les amitiés

Il arrive un moment où tu commences à te demander si ta **relation** avec un ami est vraiment équilibrée. Ce n'est pas toujours évident à détecter, surtout quand tu es profondément attaché à cette personne. Pourtant, certains **signes** ne trompent pas. Par exemple, tu te retrouves toujours à faire le premier pas pour organiser des rencontres, ou tu te rends compte que c'est toi qui écoutes constamment les soucis de ton ami sans qu'il prenne le temps d'écouter les tiens. Sans parler des excuses répétées qui s'accumulent quand il refuse de s'investir lorsque ça va moins bien pour toi.

D'autres indices se glissent également dans la routine. Comme ce **malaise** qui grandit lorsqu'il y a toujours un certain déséquilibre dans l'égalité des échanges, tu vois ? Tu deviens le « donneur » dans la relation sans vraiment t'en rendre compte ; plus tu donnes, plus tu attends inconsciemment en retour... mais presque jamais rien ne vient. C'est un détail qui mine une amitié, c'est sûr. Ça peut se transformer en une sorte de fatigue émotionnelle ou, dans certains cas, en ressentiments.

Parlons maintenant de comment aborder ça de façon calme et productive avec cet ami, histoire de rétablir un respect mutuel.

Le véritable **défi** ? Savoir initier des conversations sur la réciprocité sans que ça devienne une scène dramatique. Un point de départ ? Commence par prendre un café avec cette personne. Une fois bien installé, passe par les sentiments plutôt que d'attaquer directement - un simple « J'ai l'impression que parfois, on n'est pas exactement sur la même longueur d'onde dans la façon dont on vit notre amitié » peut ouvrir la porte. Les manières délicates sont très importantes ici !

Surtout, exprime-toi avec des « je ». Par exemple, « Je me sens parfois négligé quand... » Cela permet de ne pas accabler l'autre, en présentant la situation comme un **problème** à résoudre ensemble, plutôt qu'une charge pesant uniquement sur lui. Des feedbacks constructifs gardent la conversation centrée sur l'échange, plutôt que sur les reproches.

Si ta situation est particulièrement complexe et persistante, c'est là que la technique « Rééquilibrage d'Amitié » intervient. L'idée est de donner à cette relation une sorte « d'électrochoc positif », sans tout chambouler.

Voici comment faire : après avoir abordé le sujet gentiment, tu proposes de faire un petit « **contrat** d'amitié ». Rien de formel gravé dans la pierre évidemment, mais juste un accord soft, du style « On partage les bons et les moins bons moments ensemble », ou encore, « On s'appelle une fois par semaine, comme ça on reste en contact et on garde un lien fort. » Des petites choses ancrées dans la réalité, pratiquées l'un pour l'autre avec sincérité. Ça peut faire une grande différence avec le temps.

Pour éviter tout blocage, assure-toi de définir des aspects précis et réalisables. Plus tu peux rendre l'accord flexible, plus tu pourras l'appliquer efficacement. Si tu vois que le **comportement** de la personne ne change quand même pas, c'est sûrement un signe qu'il est temps de revoir les termes de votre relation ou même de prendre un peu de distance.

Par contre, si tes conversations aboutissent bien, tu auras sans doute gagné une relation encore plus saine et équilibrée. Après tout, les amitiés doivent être un lieu où chacun donne et reçoit de manière respectueuse, non ? C'est en posant des petites pierres solides, plusieurs fois d'affilée, que se forment ces belles fondations d'amitié. À toi de jouer maintenant pour rééquilibrer la **balance** !

Établir des limites avec des amis toxiques

On a tous vécu ce moment où un pote devient plus une source de **stress** qu'un soutien. Peu importe depuis combien de temps tu le connais, certaines amitiés peuvent franchir cette ligne invisible et se transformer en vrai fardeau. C'est là qu'il faut savoir repérer un ami **toxique**.

Tu les reconnais souvent à leurs comportements qui se répètent... toujours les mêmes drames, une tendance à être hyper critique ou **manipulateur**. Ils ont le don de jouer les victimes et s'attendent à ce que tu sois leur psy personnel. Après ces échanges, tu te sens souvent vidé, avec un nœud à l'estomac. C'est comme s'ils dansaient sur tes limites, jamais claires mais toujours là. Leur attitude ? C'est un poison lent qui bouffe petit à petit ta **confiance** en toi, ton énergie et parfois même ta santé mentale.

C'est encore plus galère parce que tu te dis : "Mais c'est mon pote... je dois être là pour lui". Désolé, mais à un moment, l'amitié n'est plus donnant-donnant. Ces amis toxiques ? Ils n'en ont rien à faire de tes limites ou de tes besoins. Ils veulent tout sans rien donner en retour – ça crée une relation bancale.

Alors, que faire quand t'en as ras-le-bol d'un pote toxique ? La solution, c'est un truc un peu flippant mais nécessaire : les **limites**.

Tu te demandes pourquoi c'est crucial de poser ces limites, même avec des amis chiants ? Ben, c'est simple. Pour garder ta santé mentale, tu dois te **protéger**. C'est pas égoïste, c'est vital. Poser tes limites, c'est comme construire un mur pour repousser les comportements toxiques et ne laisser passer que le bon. Quand tu dis clairement ce que tu attends, sans laisser de place au flou, tu évites les dérapages. Et le plus important, tu montres à cette personne – et à toi-même – ce qui est ok et ce qui ne l'est pas.

Passons à la pratique, voici ce que tu pourrais dire à un pote dont le comportement commence vraiment à te saouler. C'est pas sorcier, mais ça demande un peu de cran. On appelle ça le "Script de Limite pour Ami Toxique". Par exemple : "Écoute mec, je t'apprécie beaucoup, mais ces derniers temps, je sens que notre relation me fait plus de mal que de bien. J'ai besoin que tu me parles de façon plus **respectueuse**..., ou qu'on se voie un peu moins souvent." Simple, clair, direct.

L'idée n'est pas d'avoir une discussion floue. Le but, c'est de poser une limite bien visible, sans ambiguïté. Si ton pote tient vraiment à votre amitié, il fera des efforts pour changer son attitude. Sinon, au moins tu te seras défendu et tu n'auras pas à supporter deux fois la même merde.

À partir de là, c'est toi qui as les cartes en main. N'oublie jamais que t'as le droit de fixer des règles pour ton bien-être. Les vrais potes comprendront – les autres peuvent se barrer. Et tant mieux.

Entretenir des amitiés tout en maintenant des limites

Les **limites**, c'est un peu comme les fondations d'une maison. Si elles sont bien établies, elles peuvent vraiment renforcer la structure. En **amitié**, c'est pareil. Tu pourrais penser que les limites entre amis créent de la distance ou compliquent les choses. Mais en fait, tu te rends compte que quand elles sont posées correctement, elles permettent de construire une relation encore plus solide. Voilà pourquoi on dit toujours que c'est essentiel d'être clair sur ce que tu es prêt à accepter et ce qui est non négociable. Ça évite les malentendus, les rancunes et surtout... ça t'aide à te concentrer sur le cœur de l'amitié, à savoir le soutien mutuel et la complicité.

Tu vois, on a tous nos façons de faire, ce qui peut parfois provoquer des frictions, eh oui, c'est normal. Mais, voilà, si tu dis à ton pote que tu attaches de l'importance à ton espace privé ou que tu n'es pas toujours dispo, ça lui permet de te comprendre, de respecter où tu te situes, et donc... de renforcer le **respect** entre vous. Tôt ou tard, tu verras qu'une amitié avec des limites claires grandit bien mieux, un peu comme d'avoir des règles du jeu établies avant de commencer une partie. Pas de règles, eh bien, les frustrations apparaissent vite — un peu comme un énorme nuage avant l'orage.

Bon, comme y'a aussi cette question d'équilibre entre être ouvert et respecter ses propres limites, tu te demandes souvent comment doser les deux. Trop d'ouverture, c'est vrai que tu finis par te sentir vulnérable... mais te fermer trop, ça fait que ton pote finit par avoir l'impression que tu te détournes de lui et qu'il n'est pas censé te soutenir. Alors, là, le défi, c'est vraiment de garder cette ligne fragile entre confier des choses personnelles qui t'attendent au fond de ton cœur... tout en veillant à ne pas donner trop de toi-même au détriment de ton propre **bien-être**.

C'est un peu comme marcher sur la ligne entre deux montagnes, ni trop à gauche, ni trop à droite. Tu apprends avec le temps où il te faut tirer cette fameuse ligne pour te sentir bien dans tes relations. Tiens, imagine ça comme une danse : il y a des moments où il faut rapprocher l'autre de toi, partager un secret ou une passion. Puis, à d'autres moments, tu dois prendre du recul, offrir une partie de toi, mais seulement dans la mesure où il t'en reste pour toi ! Tu contrôles les sièges de la salle des **confidences** et seules les personnes avec qui tu te sens vraiment à l'aise pourront y assister. Ce genre de contrôle te permet d'éviter que l'autre ne pénètre n'importe quand chaque recoin privé de ta vie.

Venons-en à une petite stratégie : pour entretenir des amitiés tout en respectant les limites, le gros du dur boulot est de veiller à la **croissance** de ces liens, tout en plaçant tes limites ni trop hautes ni trop basses. Je dirais qu'au final, tu cultives vraiment mieux ton jardin en décidant toi-même ce qui s'épanouit dans les liens d'amitié que tu offres. Des conversations perso ici, des attentions spécifiques là, la discrétion des contacts intimes parfois. Ça, c'est l'essence même de la **liberté** dans l'amitié. Partage sans donner tout au point de te perdre dedans, garantis que tu as plaisir à te connecter avec l'autre tout en restant toi-même.

Avec cette approche, ton amitié va grandir. Cohabite dans cet équilibre partagé d'énergie. C'est maintenir ta vision tranquille sur le long terme – détends ce que tu as besoin de donner et serre sans trop faire peur ce que tu as envie de partager. C'est la **sérénité**. Ce sont des p'tites choses, des gestes attentifs qui animent que tu empruntes la voix douce pour la déclaration des connexions humaines comme salut.

Exercice pratique : Évaluation des limites de l'amitié

Commence par penser à tes cinq **amis** les plus proches. Ceux à qui tu pourrais tout dire… ou presque. C'est là où tout débute. Fais cette liste. Ne t'inquiète pas trop si tu hésites un peu... à qui penses-tu en premier ? Prends juste un crayon et écris. Voilà, ça devrait te donner une bonne idée de qui compter dans cette liste.

Maintenant, regarde cette liste. Qu'en penses-tu ? On va évaluer la santé des **limites** dans chacune de ces amitiés, en utilisant un système tout simple : sur une échelle de 1 à 10, à quel point te sens-tu à l'aise avec les limites de cette relation ? C'est pas grave si t'as juste un "6" ici, un "9" là-bas... Le plus important c'est d'être honnête avec toi-même.

Ok. Prends le temps d'y réfléchir. Si t'as attribué une note basse (ou même moyenne), sais-tu pourquoi ? Quels sont les **comportements**, les situations, qui t'ont rendu mal à l'aise ou peut-être un peu envahi ? Peut-être qu'un ami demande toujours plus de toi que tu n'es prêt à donner. Ou il paraît parfois distant… et ça, ça te fait douter de la proximité de votre relation. Est-ce qu'il y a des choses chez eux qui t'ennuient ? Fais une petite pause et note tout ça.

C'est peut-être le moment d'identifier ces déséquilibres. Imagine que c'est un gentil rappel pour t'aider à mieux comprendre la nature de tes amitiés. Demande-toi : y a-t-il trop de faveurs dans une direction ? Un manque de **réciprocité** parfois ? Est-ce que tu te retrouves souvent à dire "oui" quand ton cœur te susurre "non" ? Es-tu celui qui fait tous les pas, ou cette personne t'appelle-t-elle uniquement pour se plaindre ? Des petites observations ici et là, ni plus, ni moins.

Maintenant, regardons de plus près chaque amitié à problèmes. Si tu trouves une frontière un peu floue, où tu sais que ça pourrait être un peu mieux… c'est l'heure d'agir. Imagine que t'as une baguette magique et que tu pouvais établir ou renforcer une limite dans chacune de ces situations où tu te sens "mal à l'aise". Quelles seraient-elles ? Par exemple, "Je préférerais ne pas passer tout mon temps libre à résoudre les problèmes de Sophie" ou encore "Je veux que Pierre arrête de me faire culpabiliser chaque fois que je ne suis pas disponible."

Ça y est ? Super.

C'est pas tout. Il faut aussi penser à la façon dont tu vas **communiquer** ces limites. C'est là que ça devient un peu délicat, mais t'en fais pas, on va trouver le bon angle. Peut-être que tu choisis un moment tranquille où vous êtes tous les deux détendus, et tu lances la conversation doucement. Ou tu jettes l'artifice par un petit texto, avant d'en discuter face à face. Sois clair, mais **bienveillant**. Dis-toi que c'est pour le bien de ta relation, et que cette douleur-là, elle prévient des maux beaucoup plus grands.

Enfin, donne-toi du temps et fixe un calendrier. Estime quand tu pourras te sentir prêt à aborder chaque limite avec tes amis. Peux-tu songer à évaluer - disons tous les 3 mois - l'état de ton monde **social** ? Juste pour vérifier que t'es bien en accord avec toi-même et que ces amitiés, elles fleurissent, en respectant leurs nouvelles frontières bien tracées ?

Et voilà... Une évaluation, un plan... et surtout, des amitiés enrichies par des **rêves** plus simples, clairs et protecteurs que jamais.

En Conclusion

Cette section importante te guide à travers l'importance d'établir des **limites** claires dans tes amitiés, pour qu'elles soient saines, équilibrées et respectueuses. Renforcer ces fondements garantit que chaque **relation** est bénéfique pour les deux parties. Souviens-toi de maintenir un équilibre entre tes propres besoins et ceux de tes **amis**. Utiliser les conseils de ce chapitre t'aidera à créer et maintenir des relations authentiques et mutuellement respectueuses.

Dans ce chapitre, tu as vu l'importance de poser des limites dans toutes les relations d'amitié, comment des limites claires renforcent la **confiance** et le respect entre amis, les indices pour reconnaître un déséquilibre dans tes relations amicales, pourquoi il est crucial d'imposer des limites avec des personnes toxiques, et comment les limites peuvent enrichir tes amitiés et les faire perdurer.

Ce chapitre t'a livré des **outils** précieux pour préserver des amitiés saines. Applique ces leçons avec **courage** et confiance pour protéger ton bien-être tout en développant des relations amicales fondées sur l'équité et la compréhension mutuelle. L'**efficacité** des limites te permettra de voir combien elles positivent ta vie sociale.

Chapitre 13 : Maintenir et ajuster les limites

T'es-tu déjà demandé à quel point tes **limites** personnelles influencent ton quotidien ? Moi, j'ai réalisé que mes **relations**, mon **bien-être** et même mon **succès** sont étroitement liés à mes limites. Et tu vas voir, ce chapitre peut vraiment changer ta perspective. Imagine pouvoir réévaluer où tu en es, **ajuster** quand la vie bascule, et réparer quand quelque chose cloche. Tu pourrais même célébrer tes petites victoires, pour renforcer tes limites. C'est comme un atelier pour apprendre à **protéger** ce qui est important et à te sentir en **contrôle**. Ce que j'ai appris et que je partage ici est tout simple, tout pratique. Et crois-moi, ces connaissances risquent de te faire pas mal réfléchir aux zones de ta vie où des petites **mises à jour** seraient les bienvenues. Alors, prêt à en savoir plus ?

Vérifications régulières des limites

Tu sais, fixer des **limites**, c'est essentiel. Mais ce qui est plus important encore, c'est de vérifier de temps en temps si ces limites tiennent encore bien la route. Parce que, soyons honnêtes, la vie change constamment. Ce qui fonctionnait hier peut ne plus être valable aujourd'hui. C'est là qu'interviennent les vérifications périodiques des limites. Elles permettent de s'assurer qu'on reste toujours **respecté** et, surtout, en accord avec ses besoins du moment.

Faire ces vérifications, c'est comme faire une pause, prendre du recul, et voir si tout va bien. C'est assez simple en fait ! Ça évite bien des soucis sur la durée. Tu évites de te fatiguer pour des choses que tu aurais pu régler bien avant, juste en repensant à tes frontières personnelles de temps en temps. C'est comme vérifier qu'une assez longue ficelle ne se fend pas : mieux vaut prévenir que guérir.

D'accord. Mais concrètement, comment les faire, ces « **audits personnels** » ? Ce n'est pas si compliqué, c'est comme quand tu te regardes dans un miroir et que tu observes si quelque chose a changé. Tu établis une sorte de check-up simple. Tu te poses des questions, par exemple : « Est-ce que mes limites, actuellement, fonctionnent pour moi ? » ou « Est-ce que je me sens encore respecté dans mes relations, au travail, à la maison ? ». Le but ? Accueillir cette **introspection** pour voir s'il y a des ajustements à faire. Ajouter, adapter, peut-être en resserrer ou en assouplir une. Parce que oui, parfois, lâcher un peu du lest permet de se sentir mieux dans d'autres situations. Un truc te serre de trop ? À toi de voir si tu peux l'adoucir.

Tu pourrais le noter quelque part, sur un carnet ou même ton téléphone, en mode « tableau de bord des limites personnelles ». Dedans, tu y consignes les limites comme elles étaient. Comment elles ont changé ? Et pourquoi tu as fait ça. Ce n'est pas grand-chose, mais ça aide carrément à voir clair et éviter les étapes douloureuses, tu sais celles où on se dit "Mais pourquoi ça ne va pas ?". Un petit geste réparateur, pour éviter la rupture brutale.

Arrête-toi un instant et imaginons ensemble ton planning de la « **Revue** Mensuelle des Limites ». Ouais, un moment à toi pour bichonner, disons, ton équilibre intérieur. Comment ça marche ? Choisis une demi-heure, par mois… c'est ça, 30 minutes tranquilles. Tu prends un café ou un thé, pourquoi pas ? Muni de ton carnet, prenant du recul, tu checkes ce qui se passe. Peut-être qu'un ami a fait un commentaire avec lequel tu n'étais pas trop à l'aise. Peut-être qu'au boulot, on te pousse à effectuer des tâches en plus, sans consultation. Change cela pour le mois prochain : ajuste, teste, reviens dessus au besoin. L'astuce ? Ce rendez-vous perso ne te prend pas longtemps, mais ça peut te sauver la mise.

En fin de compte, ces vérifications régulières, c'est l'opportunité d'entretenir tes **relations** : avec toi, tes amis, le taf... tout. Si tu prends quelques minutes chaque mois pour tout réévaluer, tu t'assures que rien n'échappe par inadvertance. Tu deviens, en résumé, le **gardien** de ton bien-être. Une petite routine, t'adaptant aux structures de ta vie au quotidien... pas mal, hein ?

Adapter les limites au fil des changements de la vie

C'est dingue comme la vie peut **basculer** du jour au lendemain. Un instant, tout paraît stable, et paf, un grand événement débarque et chamboule tout – un mariage, une naissance, un déménagement, ou même un changement de **boulot**. Et là, tes limites, celles qui te semblaient si bien ancrées, doivent être ajustées. Pas par choix, mais parce que c'est nécessaire pour survivre à ces nouvelles réalités.

Ces moments-là, c'est comme si la vie te donnait un coup de coude pour dire : "Psst, eh, ça change !" La vérité, c'est que les grandes **transitions** de vie demandent souvent de revoir tes limites. Plus ton environnement change, plus tes priorités vont dévier.

Prenons l'exemple simple de devenir parent. Avant, peut-être que tu pouvais bosser tard, sortir avec tes potes, et avoir des moments rien qu'à toi. Mais avec un **bébé** dans les bras, tout ça devient beaucoup moins évident. Ta plus grande préoccupation ? Trouver un équilibre où tu ne te perds pas trop entre couches et biberons. Et ça passe par l'ajustement de tes limites personnelles. Alors oui, tu devras dire non plus souvent et redessiner tes priorités – sinon, c'est le **burnout** assuré.

Quand ce genre de changement survient, il est crucial de prendre du recul et de réévaluer où tu en es avec tes limites. Quand la vie pivote comme ça, tu dois vraiment te poser la question... "Est-ce que les frontières que j'ai dessinées pour ma vie d'avant sont toujours viables ?" Probablement pas.

Une transition naturelle se produit parfois tout simplement avec le temps. Par exemple, t'es en **couple** depuis des mois, et les limites que t'avais posées au départ commencent à faire tiquer. Ton espace personnel est comprimé, ou tes besoins sexuels ont évolué avec une meilleure écoute. C'est là qu'on se dit : "Faut-il réévaluer la manière dont j'utilise mes limites ?" Rien de mieux pour ça qu'une réflexion honnête avec toi-même et une discussion ouverte avec ceux qui partagent ta vie.

Pas besoin de faire un document long et sérieux. D'ailleurs, toutes les discussions n'ont pas besoin de finir en prise de bec – c'est même rarement le cas si on y met du cœur. Un petit truc, quand tu parles de redéfinir des limites, évoque comment ça peut améliorer la relation ou la situation pour toutes les personnes impliquées. Nos attitudes deviennent tout de suite plus collaboratives.

Mais cela ne se fait pas automatiquement et sans méthode. D'où vient la technique que j'aime bien appeler "l'Ajustement des Limites lors des Transitions de Vie". Il faut juste y aller pas à pas, ajuster petit à petit.

Voici quelques pistes pour t'aider :

• Commence doucement en notant les domaines de ta vie qui ont changé.

• Décris en gros quelles limites ne fonctionnent plus comme avant.

• Pense à deux ou trois nouvelles limites que tu pourrais expérimenter pour garder un sentiment d'équilibre.

L'idée, c'est de tester, de réévaluer et d'adapter constamment selon ce qui **fonctionne** pour toi – et pas selon les attentes des autres. Ce n'est jamais du gâteau, mais on finit toujours par trouver ce qui marche. Et tes limites, bien qu'elles s'adaptent avec les changements, te garderont sain et sauf.

Reconstruire les limites après des violations

Parfois, sans prévenir, les limites que tu avais soigneusement établies se voient bousculées, et pas de la manière la plus douce. Que ce soit un proche ou un collègue, cette sensation de **trahison** ou de frustration peut laisser des traces. Alors comment reconnaître les signes que tes limites ont été dépassées ? C'est souvent un petit sentiment de doute, ce truc qui colle au ventre et qui te dit « mais c'était pas ça le deal ». Des phrases comme « J'ai senti qu'il allait trop loin » ou « C'était limite ! » résonnent alors dans ta tête. Ce ressenti est le premier pas pour réagir – parce que non, tu ne veux pas laisser les autres jouer à saute-mouton sur tes frontières.

Lorsque tu sens ce malaise – cette gêne qui te dit que quelque chose a cloché – le défi te tombe dessus. Aborder la chose. Pas facile de pointer du doigt ces moments et dire à l'autre qu'il a franchi la ligne. Bah, c'est pas une promenade de santé... Mais impossible de construire une maison sur des bases fragiles, non ? Tu dois donc t'**armer** courageusement et aborder le problème pour signaler que oui, tu as bien vu qu'une règle a été piétinée. Parle avec ton cœur, explique comment tu t'es senti, sans tomber dans une partie de ping-pong des reproches. Dis-le haut et fort : « Là, clairement, quelque chose n'a pas été respecté. »

Bon... une fois les cartes sur la table, faut rétablir la relation. Parce que c'est bien beau de dire qu'une limite a été dépassée, encore faut-il tendre la main pour recoller les morceaux. On va pas te le cacher – rétablir la **confiance** prend du temps. Ben oui, Rome ne s'est pas faite en un jour... D'abord, il faut accepter le bouleversement. Reconnaître, ensemble, la bévue qui est survenue. Ensuite, c'est la période d'observation. Faut permettre à l'autre de prouver – par des petites actions ici et là – qu'il a compris, qu'il te respecte et que ça ne se reproduira pas. Comme laisser repousser doucement ces fleurs piétinées dans ton jardin. Se réassurer, doucement, pas vite.

Et maintenant... il faut renforcer ces limites abîmées. Tasser, bien tasser la terre autour pour **solidifier** les choses. On peut appeler ça un plan de "Reconstruction des Limites." Pour guérir, pas de solution miracle malheureusement, juste ces trois piliers suffisent souvent :

• La **transparence** : Dis clair et net ce que tu veux voir changé. Pas besoin d'être trop détaillé, juste énoncer ce qui importe.

• L'**ajustabilité** : Tes limites, tu les ajustes en fonction de ta gestion quotidienne. Parfois, tu les assouplis un peu pour que ça reste stable.

• La **constance** : N'oublie plus que ton temps a de la valeur. Place tes limites avec quelques douloureux « non », faisant de petites actions ta nouvelle routine.

Évidemment, ça aussi s'ajuste, comme t'abstenir de sortir par temps de pluie – et de temps à autre il pleut. Ce qu'on veut, c'est que chaque brique rajoutée soit plus solide, qu'aucun malin plaisir ne puisse tout **démolir** l'hiver venu. Alors garde ta pelle et cette fois décide à qui tu la passes – leçon répétée, dûment corrigée, finement ajustée – ainsi, ton jardin **intime** deviendra inébranlable face aux orages...

Célébrer les succès en matière de limites

Avoir des limites claires – prendre **conscience** que ça fonctionne, ça fait la différence ! C'est important de t'arrêter et de reconnaître ces moments où tu as réussi à dire non, à établir ce qui est acceptable ou pas, et surtout, à faire respecter ces lignes. Ça remonte le moral, non ? Parce que disons-le, ce n'est pas un petit accomplissement quand tu arrives à poser des limites ! C'est une preuve que tu prends soin de toi, que tu t'affirmes et respectes tes propres besoins. Donc, chaque petit **succès** mérite une ovation, même si c'est juste dans ta tête, histoire de repenser un peu à la victoire.

Que ce soit dire non clairement quand ton collègue te demande de prendre un tour de plus, ou déterminer que tes heures hors travail sont sacrées... Tu vois, à chaque fois que t'es fidèle à ce que tu veux, c'est une étape de plus vers le respect de soi.

Puis, prends le temps de souffler et d'apprécier ce que t'as accompli. Tes **limites**, c'est aussi un outil pour préserver ton bien-être et, en célébrant ces moments de succès, tu les enracines encore plus profondément dans ton quotidien. Parce qu'en soulignant ces victoires, tu donnes plus d'importance à ce que tu as réussi à créer. C'est comme ça que la **motivation** continue – et honnêtement, qui n'aimerait pas se féliciter ? Une petite danse de la victoire ou même grimacer légèrement avec fierté, mais l'idée, c'est de rester fier de ton chemin. Il faut croire que t'es ton premier supporter !

Passons à l'étape suivante...

Un super moyen d'ancrer ces succès, c'est de les écrire. C'est là que le "Journal des Victoires en matière de Limites" entre en jeu. Prends un cahier, un carnet... Disons que c'est une bonne excuse pour aller te procurer l'un de ces trucs plaisants à écrire dessus ! Note chaque **action** où tu as réussi à poser une limite, en détaillant le plus possible comment tu t'es senti avant (parfois inquiet ?), pendant (peut-être un peu tendu, mais déterminé), et après (libéré, non ?). Écrire, ça rend les choses concrètes. C'est comme poser une ancre dans ton **expérience**...

Quand t'as un moment de doute, tu feuilletteras ces pages et... hop ! Voilà toutes tes petites victoires sous tes yeux. C'est un rappel visuel que non seulement tu peux le faire, mais que tu l'as déjà fait. Et tu l'as bien fait !

Au fil du temps, tu verras comment tu évolues, ton propre graphique de **croissance** personnelle en quelque sorte. Et vois ça comme une ressource inestimable pour maintenir ton cap les jours où tu te sens un peu perdu. Chaque nouvelle page écrite c'est une autre preuve sur papier que tu contrôles de mieux en mieux ta vie, sans ce foutu sentiment de culpabilité qui vient parfois rôder.

Ça te motive à garder tes limites ?

Regarde, la prochaine fois que tu es tenté de transgresser une de tes limites pour arranger quelqu'un d'autre, pense à ton **journal**. T'aimerais VRAIMENT devoir écrire comment t'as cédé et comment ça t'a fait bombarder ton moral ? Pas vraiment. Ce simple acte de tenir un journal active le renforcement positif, renforce l'habitude et fait de tes limites une partie solide de toi-même. C'est presque comme sculpter ta propre liberté avec intention.

Exercice pratique : Créer ton plan de maintien des limites

Commence par faire une petite liste de toutes tes **limites** principales, celles qui te viennent directement à l'esprit. Tu sais, ces choses que tu as décidé de ne plus tolérer au **boulot**, à la maison, dans tes amitiés, et dans d'autres aspects de ta vie. On va les passer en revue. Peut-être qu'au travail, tu veux limiter tes heures sup' à zéro (ça sonne bien, non ?). Pour la famille, tu souhaites éviter autant que possible les prises de bec inutiles ou ces fameuses remarques passives-agressives qui te tapent sur les nerfs. En amitié, ça pourrait être de ne plus accepter d'être celui qui fait toujours le premier pas. Bref, prends le temps de noter ce qui compte. N'oublie rien, car ces limites sont ton filet de sécurité.

Super, tu as ta liste ? Top. Mais bon, rien n'est jamais simple, pas vrai ? Passons donc à la gestion des défis qui se présenteront, car tu sais qu'ils débarquent toujours, comme un invité surprise.

Maintenant, on passe aux potentiels **obstacles**. Là encore, fais une liste. Je sais, encore une liste, mais crois-moi, ça vaut le coup. Quelles pourraient être les embûches ? Au taf, peut-être que ton boss a l'habitude de te bombarder de mails tard le soir (génial, hein ? Non, pas vraiment.). En famille, y a des chances que ces discussions délicates reprennent lors du prochain repas. Et côté potes, tes nouveaux engagements peuvent chambouler l'équilibre fragile que tu essaies de garder avec ton ami qui réclame de ton temps H24. Bref, imagine ce qui pourrait te faire dévier des limites que tu as clairement posées.

Tu vois où je veux en venir ? Prévoir ces défis, c'est anticiper les galères avant qu'elles ne te tombent dessus. Mais le hasard ne fait pas tout, passons à la **stratégie**.

Si tu te demandes comment gérer ces obstacles, je vais te filer un tuyau. Prends chaque limite que tu as notée et toutes les façons dont elle pourrait être mise à l'épreuve. Puis, réfléchis à une ou deux astuces pour renforcer ta résistance à chaque faille potentielle. Par exemple, si les réunions de famille deviennent trop lourdes, tu pourrais fixer une règle de 15 minutes pour le coup de fil du week-end ou rappeler gentiment mais fermement ta limite si le débat s'enflamme. L'idée, c'est de faire de ces tactiques un rempart pour tes limites. Le boulot te bouffe ? Essaie les réponses auto après 18h pour dire que tu es absent "pour une urgence inexplicable" (tu as capté, hein ?).

Tu commences à piger le truc ? Excellente idée d'aller jusqu'au bout et de prévoir des moments de **réflexion** et d'ajustement. Pourquoi ? Parce que les limites évoluent, changent un peu selon les périodes de la vie. Prends un moment, comme une révision trimestrielle où tu te poses, café en main, pour réévaluer. Peut-être qu'un mois te suffit, ou même un check-up hebdo rapide pour faire le point. Ce petit rituel te permettra de prévoir des ajustements si nécessaire et d'être fier du chemin parcouru.

Et enfin, pourquoi ne pas se féliciter un peu ? Pas besoin que ce soit démesuré ou extravagant. Simple et tranquille, comme une sortie ciné solo ou ce dessert que tu gardes pour les grandes occasions. L'idée, c'est de célébrer les petites victoires. Si ça t'aide à rester ferme et droit dans tes bottes en respectant tes propres barrières et engagements, pourquoi s'en priver ? Après tout, personne d'autre ne voit l'énergie que tu y mets au quotidien, alors **réjouis-toi** des petites victoires – profitons-en.

Voilà, c'était un tour d'horizon des limites, leurs défis et les réflexions régulières pour t'aider à ne jamais les oublier et toujours les respecter. Il n'y aura jamais de fin glorieuse, mais avec du temps, tu pourras allier **protection** et **bien-être** en suivant ces petits pas.

En Conclusion

Ce chapitre t'a offert une mine d'**informations** sur la manière de gérer efficacement tes limites personnelles et de les **ajuster** quand elles ne correspondent plus à tes besoins. En gardant ces leçons essentielles à l'esprit, tu pourras mieux **protéger** ton espace physique et mental tout en honorant tes engagements.

Tu as découvert l'importance de vérifier régulièrement les limites que tu as mises en place, comment les réévaluer et les améliorer face aux **changements** de la vie. Tu as aussi appris des moyens d'identifier et de résoudre les situations où tes limites sont **franchies**, ainsi que l'idée de "célébrer les succès" pour une meilleure **maîtrise** de tes frontières personnelles. En plus, tu as maintenant une démarche pratique pour entretenir et réajuster tes limites.

Avec ces outils en main, tu as désormais toutes les cartes pour **renforcer** tes limites et les faire évoluer selon tes besoins. Prends un moment pour te poser des questions, fais le point sur tes limites, et surtout, n'hésite pas à mettre en pratique ces **conseils**. Ton espace privé mérite le respect, et cette prise de conscience te guidera vers un avenir plus serein et équilibré.

Pour conclure

Le but de ce **livre** était de te donner les outils pour retrouver le **contrôle** de ta vie en définissant et en maintenant des limites saines dans toutes les sphères de ton existence. En établissant des frontières claires, tu peux non seulement dire « non » sans culpabilité, mais aussi préserver ton **énergie**, tes valeurs et tes **relations** tout en cultivant un respect mutuel. Il s'agissait de t'aider à passer d'un état de confusion et de frustration à un état de clarté et de force.

Petit récap, tu as commencé par comprendre ce que sont vraiment les **frontières** et pourquoi elles jouent un rôle crucial dans ton épanouissement personnel. Tu as ensuite exploré comment les limites influencent tes relations et apprécié leur importance pour ton bien-être psychologique. Après, tu as découvert les différents types de limites - physiques, émotionnelles, mentales, et de temps - ainsi que les lois importantes qui régissent les frontières, comme celles de la responsabilité ou du respect. Tu as aussi appris l'art de dire « non » sans te sentir coupable, une compétence essentielle, et examiné comment mettre par écrit et exprimer clairement tes limites.

Les chapitres suivants t'ont montré comment construire un respect mutuel partout où tu poses tes limites, mais aussi au sein de tes relations familiales, amoureuses, professionnelles, et amicales, avec des stratégies adaptées à ces domaines de la vie. Finalement, la clé se trouve dans le maintien et l'ajustement des frontières, surtout au fur et à mesure que ta vie évolue.

Alors, à quoi pourrait ressembler ta vie en appliquant toutes ces notions ? Imagine une existence où tes besoins sont respectés, où tes relations sont plus équilibrées et enrichissantes, où tu as plus de temps et d'énergie pour les choses qui comptent vraiment pour toi. En mettant en pratique les techniques que tu as apprises, tu pourras construire une vie où tes limites sont protégées, tes valeurs positivement affirmées, et ton **bien-être** renforcé. Il est temps de faire le premier pas et d'intégrer cette nouvelle approche à ton quotidien.

Pour finir, n'attends plus pour approfondir ces concepts et apprendre davantage sur comment transformer ta vie avec des limites fortes.

"Clique sur ce lien pour en savoir plus :"

https://pxl.to/LoganMind

Rejoignez mon équipe de critiques !

Merci infiniment de **lire** mon livre ! Je suis ravi de te proposer de rejoindre mon **équipe** de critiques. Ça m'aiderait vraiment à recueillir ton **avis** et à améliorer mes futurs travaux. Si tu aimes **lire** et que tu souhaites recevoir des **copies** gratuites de mes **ouvrages** avant leur sortie officielle, tout ce que je te demande en retour, c'est un **retour** honnête.

Comment rejoindre l'équipe de critiques de mes livres :

• Inscris-toi en utilisant le lien ci-dessous

• Reçois une copie gratuite de chaque nouveauté en avant-première

• Partage simplement ce que tu en as pensé !

Check out the team at this link:

https://pxl.to/loganmindteam

Aidez-moi !

Quand tu auras fini de lire, je voudrais te demander un petit service. En tant qu'auteur indépendant, je **travaille** passionnément à partager des histoires qui te touchent et t'inspirent. **Ton retour compte** énormément non seulement pour moi, mais aussi pour d'autres lecteurs qui cherchent des **livres** comme celui-ci.

Si tu es satisfait, je te serais extrêmement reconnaissant de prendre un moment pour laisser un **avis** honnête en accédant au lien ci-dessous. Ces quelques mots de ta part peuvent réellement faire une **différence** et m'aider à évoluer en tant qu'écrivain.

• Si tu as des suggestions pour améliorer mes prochains ouvrages, tes retours critiques sont aussi les bienvenus ! Tu peux les partager en me contactant via l'adresse mentionnée sur la même page.

C'est rapide, mais cela a un grand impact.

Visite ce lien pour donner ton avis :

https://pxl.to/11-tpob-lm-review

Merci infiniment pour ton soutien !

www.ingramcontent.com/pod-product-compliance
Lightning Source LLC
Chambersburg PA
CBHW050245120526
44590CB00016B/2222